Descobrir Jogos Online Grátis

Disponível Aqui:

BestActivityBooks.com/FREEGAMES

5 DICAS PARA COMEÇAR

1) CÓMO RESOLVER LAS SOPA DE LETRAS

Os puzzles têm um formato clássico:

- As palavras estão escondidas sem espaços ou hífenes,...
- Orientação: As palavras podem ser escritas para a frente, para trás, para cima, para baixo ou na diagonal (podem ser invertidas).
- As palavras podem sobrepor-se ou intersectar-se.

2) APRENDIZAGEM ACTIVA

Ao lado de cada palavra há um espaço para anotar a tradução. Para encorajar a aprendizagem activa, um **DICIONÁRIO** no final desta edição permitir-lhe-á verificar e expandir os seus conhecimentos. Procure e anote as traduções, encontre-as no puzzle e adicione-as ao seu vocabulário!

3) MARCAR AS PALAVRAS

Pode inventar o seu próprio sistema de marcação - talvez já use um? Pode também, por exemplo, marcar palavras difíceis de encontrar com uma cruz, palavras favoritas com uma estrela, palavras novas com um triângulo, palavras raras com um diamante, e assim por diante.

4) ESTRUTURANDO A APRENDIZAGEM

Esta edição oferece um **CADERNO DE NOTAS** prático no final do livro. Nas férias, em viagem ou em casa, pode facilmente organizar os seus novos conhecimentos sem a necessidade de um segundo caderno!

5) JÁ TERMINOU TODAS AS GRELHAS?

Nas últimas páginas deste livro, na secção **DESAFIO FINAL**, encontrará um jogo gratuito!

Rápido e fácil! Consulte a nossa colecção de livros de actividades para o seu próximo momento de diversão e **aprendizagem**, a apenas um clique de distância!

Encontre o seu próximo desafio em:

BestActivityBooks.com/MeuProximoLivro

Aos vossos lugares, preparem-se...Vão!

Sabia que existem cerca de 7.000 línguas diferentes no mundo? As palavras são preciosas.

Adoramos línguas e temos trabalhado arduamente para criar livros da mais alta qualidade para si. Os nossos ingredientes?

Uma selecção de tópicos adequados à aprendizagem, três boas porções de entretenimento, e depois acrescentamos uma colherada de palavras difíceis e uma pitada de palavras raras. Servimo-los com amor e máximo divertimento, para que possa resolver os melhores jogos de palavras e se divirta a aprender!

A sua opinião é essencial. Pode participar activamente no sucesso deste livro, deixando-nos um comentário. Gostaríamos de saber o que mais lhe agradou nesta edição.

Aqui está um link rápido para a sua página de encomendas:

BestBooksActivity.com/Avaliacoes50

Obrigado pela vossa ajuda e divirtam-se!

A Equipa Inteira

1 - Dirigindo

```
Z G O R I V O K M N V U Z U
I D A P V M O T O R J L B E
S P B S K O L A P Č И I S O
P K S И A L G C A И N C H L
L T A A M A O D S N E I A I
G C O S I G U R N O S T C C
P A B S O S C U O P R E Z E
O T R U N U R B S R E Y U N
L U A A B T P U T E Ć Y B C
I N Ć E Ž M A P A V A Y И U
C E A P F A G E C O L J D И
I L J B L P V Š I Z Y N S B
J M A B R Z G A M P P F K O
A F D Z L T J K F R P A F Y
```

NESREĆA
KAMION
KOLA
GORIVO
OPREZ
PUT
KOČNICE
GARAŽA
GAS
LICENCU

MAPA
MOTOR
PEŠAK
OPASNOST
POLICIJA
ULICI
SIGURNOST
PREVOZ
SAOBRAĆAJA
TUNEL

2 - Atividades

```
Z Y S M Z A K T I V N O S T
B J A L H P A U A G I D V E
O A P Č I T A N J E R K E H
M B C N D K H D F T N E Š И
F R K U L F U Y R F T H T A
Z A D O V O L J S T V O I R
P L A N I N A R E N J E N I
F V H M U M E T N O S T A B
L V B A Š T O V A N S T V O
И O H G S L O B O D N O D L
L Z V I N T E R E S E P Y O
K P I J K E R A M I K E T V
H C Z A N A T A F S F U V P
F O T O G R A F I J E R K A
```

UMETNOST
ZANATA
AKTIVNOST
LOV
PLANINARENJE
KERAMIKE
FOTOGRAFIJE
VEŠTINA
INTERESE

BAŠTOVANSTVO
IGRE
SLOBODNO
ČITANJE
MAGIJA
RIBOLOV
SLIKU
ZADOVOLJSTVO

3 - Churrascos

```
C F A F D E C A D N H I И T
C A G P E P P P L И J M G P
И I D O B M M K И И И T K L
M R J V B N C V R U Ć E O И
E P И R Y I G E S A L A T E
P S J Ć A A B Č P S P P C G
N O Ž E V I I E A O I O S I
J T R L E T O R R S L Z G A
B Z C O C N Y A A U E I I L
J P B Y D I G B D T Č V F Y
R O F A P I G L A D P A K T
O F C P V N C H J J G S K E
K N V O Ć E E A Z I G R E F
R O Š T I L J M U Z I K A M
```

RUČAK	IGRE
POZIV	POVRĆE
DECA	SOS
NOŽEVI	MUZIKA
PORODICA	BIBER
GLAD	VRUĆE
PILE	SO
VOĆE	SALATE
ROŠTILJ	PARADAJZ
VEČERA	LETO

4 - Pesca

```
S  O  T  Z  O  M  R  J  T  N  B  M  P  P
E  P  S  T  R  P  L  J  E  N  J  A  L  A
Z  R  K  O  R  P  I  E  S  A  P  M  O  N
O  E  V  U  P  R  B  Z  P  A  D  A  J  Y
N  M  И  O  K  N  H  E  H  P  Z  C  Z  Z
A  A  K  Y  D  A  L  R  P  E  R  A  J  A
S  Y  A  K  F  A  T  O  K  C  R  O  S  M
D  F  T  U  M  Y  V  M  T  V  L  B  Y  B
Z  И  J  V  V  I  L  I  C  E  F  A  И  R
Ž  P  L  A  Ž  A  A  E  O  I  Ž  J  P  E
I  Š  K  R  G  E  Č  A  M  A  C  I  M  K
C  P  F  R  Y  N  V  V  G  L  L  K  N  E
E  U  K  B  P  O  K  E  A  N  V  Y  M  A
P  R  E  T  E  R  I  V  A  N  J  A  P  J
```

VODA	MAMAC
PERAJA	JEZERO
ČAMAC	VILICE
ŠKRGE	OKEAN
KORPI	STRPLJENJA
KUVAR	TEŽINA
OPREMA	PLAŽA
PRETERIVANJA	REKE
ŽICE	SEZONA
KUKA	

5 - Geologia

```
K  O  R  A  L  P  U  G  P  S  I  P  Z  S
Z  F  I  J  K  J  B  E  S  L  A  V  A  T
G  E  R  O  Z  I  J  E  F  O  A  И  P  A
K  A  M  E  N  N  Z  O  O  J  K  T  Z  L
U  C  F  L  И  Y  O  A  S  D  O  S  O  A
N  N  B  V  J  A  N  И  I  K  N  R  K  G
L  F  P  N  R  O  I  I  L  V  T  A  R  M
U  F  H  I  B  E  T  D  G  A  I  U  I  I
K  A  V  E  R  N  A  R  H  R  N  V  S  T
H  E  M  G  H  U  V  S  E  C  E  O  T  A
K  I  S  E  L  I  N  E  L  S  N  Y  A  H
M  I  N  E  R  A  L  A  Y  J  T  F  L  A
K  T  A  S  T  A  L  A  K  T  I  T  A  A
V  U  L  K  A  N  K  A  L  C  I  J  U  M
```

KISELINE	FOSIL
SLOJ	LAVA
KAVERNA	MINERALA
KALCIJUM	KAMEN
KONTINENT	PLATO
KORAL	KVARC
KRISTALA	SO
EROZIJE	ZEMLJOTRES
STALAKTIT	VULKAN
STALAGMITA	ZONI

6 - Tempo

```
J D N O Ć K K J V S D M B P
U P R E H И F U S F A I U R
T O R C D I V Č D A N N D O
R D S E R E Z E H S T U U Š
O N L Z I S L И И Y J T Ć L
F E O E A I S J O K L P N O
K A L E N D A R A D R K O S
J F O R M E S E C A M E S T
G O D I N A A I S O V F T A
T R E N U T A K B A Y V Y F
D E C E N I J E M J D P R A
G O D I Š N J E R K H A A И
J O Y D A N A S I И M V E K
N I F Y C Z J P O R T D A L
```

SADA	JUTRO
GODINA	PODNE
PRE	MESECA
GODIŠNJE	MINUT
KALENDAR	TRENUTAK
DECENIJE	NOĆ
DAN	JUČE
BUDUĆNOST	PROŠLOST
DANAS	NEDELJA
SAT	VEK

7 - Astronomia

```
O  L  E  S  G  G  Z  O  D  O  F  N  M  P
C  P  P  J  F  P  M  E  S  E  C  E  S  O
P  A  S  T  R  O  N  O  M  A  C  B  A  M
N  K  O  E  V  C  J  N  S  L  V  O  Z  R
E  O  L  P  R  T  D  K  C  P  J  U  V  A
B  S  A  E  G  V  N  J  A  U  P  E  E  Č
U  M  R  L  Z  R  A  Č  E  N  J  A  Ž  E
L  O  N  L  C  Y  L  T  Z  T  D  И  Đ  N
A  S  E  R  A  U  И  Y  O  H  V  I  E  J
R  A  K  E  T  A  S  T  E  R  O  I  D  E
R  A  V  N  O  D  N  E  V  N  I  C  A  P
G  R  A  V  I  T  A  C  I  J  E  J  I  T
S  U  P  E  R  N  O  V  A  O  L  B  E  G
P  L  A  N  E  T  E  M  E  T  E  O  R  R
```

ASTEROID   MESEC
ASTRONOM   METEOR
NEBO   NEBULA
SAZVEŽĐE   OPSERVATORIJE
KOSMOS   PLANETE
POMRAČENJE   ZRAČENJA
RAVNODNEVNICA   SOLARNE
RAKETA   SUPERNOVA
GRAVITACIJE   ZEMLJE

8 - Circo

```
A N H M G L E D A L A C H T
И В И A U Š A T O R P P M L
G P J G B Z J C Y N E J Z Ž
M A Đ I O N I Č A R A D A I
O R H J M U B K K L O V N V
H A S A B O M B A S K N V O
P D Y T O R A Z R И Ž F J T
K A S P N J A U T P O U O I
B O A K A Z И L U I N S V N
A A S A K R O B A T G A D J
L I A T M A J M U N L A V E
O A M P I S L O N N E G R A
N S P Y L M T R I K R R C N
I S P E K T A K U L A R A N
```

AKROBAT   MAJMUN
ŽIVOTINJE   MAGIJA
BALONI   ŽONGLER
KARTU   MAĐIONIČAR
PARADA   MUZIKA
BOMBONA   KLOVN
SLON   ŠATOR
GLEDALAC   TIGAR
SPEKTAKULARAN   KOSTIM
LAV   TRIK

9 - Acampamento

```
O  Š  A  T  O  R  D  S  E  I  Ž  O  P  P
P  B  И  P  J  P  R  P  C  I  A  G  M
R  M  A  B  A  O  V  Y  V  L  V  P  P  P
E  K  E  V  I  S  E  Ć  A  P  O  Ž  A  R
M  A  O  S  A  L  Ć  P  D  V  T  J  I  B
A  N  C  M  E  N  A  И  L  B  I  E  И  A
G  U  F  J  P  C  T  Y  P  P  N  Z  P  U
K  O  N  O  P  A  C  U  C  P  J  E  R  H
A  Š  E  Š  I  R  S  K  R  L  E  R  I  L
B  U  I  F  N  Y  R  R  U  A  T  O  R  Y
I  M  C  S  S  L  P  G  V  N  F  O  O  P
N  A  B  R  E  N  E  F  S  I  A  O  D  И
E  A  H  N  K  G  I  Z  Z  N  J  Z  A  E
M  A  P  A  T  O  I  S  V  E  L  O  V  R
```

ŽIVOTINJE
AVANTURA
DRVEĆA
KOMPAS
KABINE
LOV
KANU
ŠEŠIR
KONOPAC
OPREMA

ŠUMA
POŽAR
INSEKT
JEZERO
MESEC
VISEĆA
MAPA
PLANINE
PRIRODA
ŠATOR

10 - Emoções

```
O N L Y P D Z R R G L T R L
M P J S I M P A T I J E A T
I N U A S И Y A H M G P D U
R E B Š V T E U J V S R O G
A Ž A I T M R R Z I A P S A
B N Z Y R E E A A I O L T E
M O N I G H N D H J R J A R
G S O P C И T O S M K U Y N
E T S C Y E P S L I V B A I
J V T A T J S A D R Ž A J R
S R A M O T A D K N N V P P
H S P O K O J E M O B E S K
B L A Ž E N S T V O B Y A Z
Z A D O V O L J A N R A D D
```

RADOST	MIR
LJUBAV	BES
BLAŽENSTVO	OPUŠTENO
LJUBAZNOST	ZADOVOLJAN
MIRNO	SIMPATIJE
SADRŽAJ	NEŽNOST
SRAMOTA	DOSADE
ZAHVALAN	SPOKOJ
STRAH	TUGA

11 - Ficção Científica

```
E E E R D A L E K O J Z P K
K K K O G C D S S E Z И L T
K S S B I O S K O P I Y A A
P T P O U T O P I J E P N J
I R L T A T O M S K E O E A
L E O A D O T D V I Ž T N
U M Z R J I И A E O F A E S
Z N I A O И S O T F Y R F T
I E J D L Č E T R Y Z N A V
J U E G И C I P O O O I U E
E N Z E K И T Š C P B R H N
K N J I G E M G T Y I J L P
G A L A K S I J A E D J И M
G G A F A N T A S T I Č A N
```

ATOMSKE
BIOSKOP
DALEKOJ
DISTOPIJA
EKSPLOZIJE
EKSTREMNE
FANTASTIČAN
POŽAR
GALAKSIJA

ILUZIJE
KNJIGE
TAJANSTVEN
SVET
PROROČIŠTE
PLANETE
ROBOTA
UTOPIJE

12 - Mitologia

```
K U L T U R A S M R T N I A
M G R M L J A V I N A S Y R
Č A I R Y K S B S L O J R H
U P G C A R T E T E S J Y E
D A Z I E M V S V G V I L T
O D J N Č U O M A E E A J I
V H M И J N R R R N T L U P
I R E P U J E T A D A A B C
Š V U R B E N N N A E V O U
T J H Z O D J O J B T I M V
E S I L Y I E S E H E R O J
R A T N I K N T A O C I R R
S N A G E Z I A M T C N E L
M P O N A Š A N J E B T S T
```

ARHETIP
LJUBOMORE
PONAŠANJE
STVARANJE
STVORENJE
KULTURA
SNAGE
RATNIK
HEROINA
HEROJ

BESMRTNOST
LAVIRINT
LEGENDA
MAGIČNE
ČUDOVIŠTE
SMRTNI
MUNJE
GRMLJAVINA
OSVETA

13 - Medições

```
И S J B T A G F P H M G T D
R P H P A P R V И N A E E E
B D U Ž I N A Z I M S N Ž C
Y A B E N E M J U S E B I I
P G T V Č O E E N D I R N M
C F Z B A J T S C T O N A A
K I L O G R A M A N O G A L
I S T M Š I R I N A K B D N
Z S T K I L O M E T A R U E
L V И E Z K L M Z G Z L B S
Z N O H P И G I T B O J I J
V O L U M E N N T D T O N I
P O H R I P N U H A T T A T
C E N T I M E T A R R Y M U
```

VISINA   METAR
BAJT   MINUT
CENTIMETAR   UNCA
DUŽINA   TEŽINA
DECIMALNE   INČA
GRAM   DUBINA
STEPEN   KILOGRAM
ŠIRINA   KILOMETAR
LITAR   TONA
MASE   VOLUMEN

14 - Plantas

```
V  E  G  E  T  A  C  I  J  E  A  L  K  K
Z  O  R  B  R  Š  L  J  A  N  U  A  G  C
С  И  H  A  A  F  O  Z  V  Y  B  T  Đ  F
G  R  M  M  D  R  R  Z  V  A  B  I  U  L
A  P  B  B  A  R  A  I  N  S  C  C  B  O
T  И  A  U  D  C  V  E  T  S  F  A  R  R
B  M  Š  S  R  O  K  O  R  E  N  E  I  E
O  E  T  M  U  Y  R  I  L  P  H  Z  V  O
T  R  A  V  A  L  H  B  U  I  P  L  A  R
A  И  K  Y  S  R  J  D  R  L  Š  Z  T  F
N  I  T  A  Š  K  A  K  T  U  S  Ć  F  H
I  J  M  A  U  K  N  S  Z  R  A  V  E  Z
K  Y  J  U  M  B  E  R  R  I  H  E  R  B
E  K  I  M  A  H  O  V  I  N  A  S  V  J
```

GRM	FLORE
DRVO	ŠUMA
BERRI	LIŠĆE
BAMBUS	TRAVA
BOTANIKE	BRŠLJAN
KAKTUS	BAŠTA
HERB	MAHOVINA
PASULJ	LATICA
ĐUBRIVA	KOREN
CVET	VEGETACIJE

15 - Veículos

```
T  M  M  E  T  R  O  K  A  R  A  V  A  N
R  O  H  I  T  N  U  O  A  V  I  O  N  U
A  T  U  Š  Z  J  B  L  U  M  J  V  V  S
J  O  T  A  K  S  I  A  T  E  I  G  A  K
E  R  S  T  C  P  C  O  O  H  C  O  P  U
K  И  L  E  L  I  D  B  N  E  V  N  T
T  L  V  T  L  A  K  U  U  A  Y  J  L  E
Č  A  R  M  V  V  L  J  S  P  F  T  K  R
F  A  V  L  S  V  D  T  R  A  K  T  O  R
P  P  M  S  Z  P  A  S  U  A  O  L  P  O
S  B  R  A  G  U  M  E  E  U  K  B  U  C
C  R  B  Z  C  C  T  M  B  E  O  E  B  S
P  O  D  M  O  R  N  I  C  E  A  E  T  V
H  E  L  I  K  O  P  T  E  R  M  U  J  A
```

HITNU	SPLAV
AVION	SKUTER
TRAJEKT	METRO
ČAMAC	MOTOR
BICIKL	AUTOBUS
KAMION	GUME
KARAVAN	PODMORNICE
KOLA	TAKSI
RAKETA	ŠATL
HELIKOPTER	TRAKTOR

16 - Restaurante # 2

```
L  S  P  P  T  R  E  Z  A  N  C  I  K  K
U  K  U  S  N  O  U  V  F  E  S  S  S  E
V  S  I  R  S  A  E  Č  K  C  Y  S  O  L
I  O  L  M  P  H  S  J  A  J  A  L  L  N
L  S  D  V  E  Č  E  R  A  K  F  G  S  E
J  U  N  A  P  I  T  A  K  O  A  D  T  R
U  P  A  F  T  H  P  O  P  D  J  A  O  K
Š  A  K  Z  I  G  M  H  R  O  A  V  L  A
K  Z  N  J  И  S  U  Z  I  T  A  O  I  Š
A  P  O  V  R  Ć  E  A  B  L  A  Ć  C  I
S  A  L  A  T  A  J  Č  E  E  S  E  A  K
C  B  N  U  G  K  O  I  R  D  R  Z  И  A
G  I  H  O  Y  O  Z  N  C  H  V  A  F  S
F  I  A  B  C  D  A  I  K  E  G  V  K  V
```

RUČAK	VILJUŠKA
VODA	LED
NAPITAK	VEČERA
TORTA	POVRĆE
STOLICA	REZANCI
KAŠIKA	JAJA
UKUSNO	RIBE
ZAČINI	SO
VOĆE	SALATA
KELNER	SUPA

17 - Países #2

```
I N E P A L A O S A N D A U
N R E O E H T E Y D L A T G
D V S O M A L I J E Y N O A
O Y C K P I I N E R M S G N
N P K G A T B G K U E K A D
E A И F K I A J И K K A L I
Z U R A I E N A R R S P B C
I B A A S I B M И A I H A B
J O H I T R J A S J K Y N D
A J G P A S A J K I O I I J
H N R O N D P K A N R P J T
R U S I J A A A K A U I A E
G R Č K E Y N I G E R I J A
F R A N C U S K E I V N R E
```

ALBANIJA
DANSKA
FRANCUSKE
GRČKE
HAITI
INDONEZIJA
IRSKA
JAMAJKA
JAPAN
LAOS

LIBAN
MEKSIKO
NEPAL
NIGERIJA
PAKISTAN
RUSIJA
SIRIJE
SOMALIJE
UKRAJINA
UGANDI

18 - Cozinha

```
Š L N O Ž E V I D Z F A E A
N O K M A U P A U K R H B D
H N L T E G L U J G I P Č V
U C G J U B P U S P Ž C I I
S A L V E T A K V C I V N L
И Č A J R C G D R N D И I J
Z A M R Z I V A Č C E R J U
N J V K E C E L J A R E U Š
P N C R F R A И B J B C S K
K I Z A Č I N I P Y O E U E
И K T R F A O A G F O P N Z
R O Š T I L J V H N V T Đ A
Š T A P I Ć I F P E Z F E P
J L P L K A Š I K E P Y R E
```

KECELJA	VILJUŠKE
ČAJNIK	FRIŽIDER
KAŠIKE	ROŠTILJ
LONCA	SALVETA
ŠOLJE	TEGLU
ZAČINI	VRČ
SUNĐER	ŠTAPIĆI
NOŽEVI	RECEPT
RERNA	ČINIJU
ZAMRZIVAČ	

19 - Brinquedos

```
B U B N J E V I E L Č C T L
Y И Y M U J O U F Š A H O O
E E B C G Y S B K Z M A J P
O L U T K A R E A M A B P T
N M F E K O L A M A C I N A
K S I Z A S Y V I Š A C T T
G N F L F L B I O T Y I A E
J G J И J B O O N E Z K C C
R D H I K E P N V U T L E T
K E И G E N И O M M A A И
M L D U E E A I Z I B Y И A
C U E N H N V A F G E K G T
Z E V J N A F B O R O B O T
Z A N A T A Y L F E P I A T
```

KLEJ   KOLA
ZANATA   OMILJENI
AVION   MAŠTE
ČAMAC   IGRE
BUBNJEVI   KNJIGE
BICIKL   ZMAJ
LOPTA   ROBOT
LUTKA   ŠAH
KAMION

20 - Verão

```
L  B  P  P  R  I  J  A  T  E  L  J  I  O
U  C  D  P  E  G  И  C  L  Z  T  H  U  R
M  D  V  Z  L  R  S  U  K  A  R  H  I  A
S  O  Z  Y  A  E  I  A  И  B  J  J  M  D
E  A  R  N  K  K  N  K  N  J  I  G  E  O
P  F  P  E  S  L  O  B  O  D  N  O  N  S
K  U  Ć  A  A  P  U  T  O  V  A  T  I  T
И  M  E  C  C  G  A  O  B  K  Y  L  A  P
Z  U  V  И  I  R  O  N  J  E  N  J  E  L
K  Z  F  C  J  B  A  Š  T  A  P  V  И  A
Z  I  K  K  A  M  P  O  V  A  N  J  E  Ž
O  K  P  V  N  D  P  O  R  O  D  I  C  A
И  A  Z  B  A  L  P  D  F  G  J  M  D  L
Z  V  E  Z  D  E  G  L  C  D  E  И  I  L
```

KAMPOVANJE
RADOST
PRIJATELJI
KUĆA
ZVEZDE
PORODICA
BAŠTA
IGRE
SLOBODNO

KNJIGE
MORE
RONJENJE
MUZIKA
PLAŽA
RELAKSACIJA
SANDALE
PUTOVATI

21 - Material de Arte

```
S  K  E  G  A  O  L  V  U  S  T  O  C  Y
T  L  O  M  Z  P  L  И  C  Z  N  R  H  P
O  E  E  U  D  S  E  O  G  U  M  I  C  A
L  J  K  R  E  A  T  I  V  N  O  S  T  P
I  M  A  S  T  I  L  O  O  K  Č  J  P  I
C  И  T  H  M  P  I  O  D  D  E  B  F  R
A  E  S  A  P  L  R  Z  A  E  T  S  M  C
A  Y  E  A  B  Z  L  M  Z  E  K  T  M  U
B  K  R  I  N  B  E  N  M  B  E  A  A  L
B  O  R  Y  V  O  P  A  S  T  E  L  A  J
D  O  J  I  U  G  A  L  J  K  T  A  P  E
Z  И  И  E  L  N  K  V  И  T  G  K  E  J
K  A  K  V  A  R  E  L  I  N  H  A  G  C
K  A  M  E  R  A  M  T  B  N  D  C  G  P
```

AKRIL	BOJE
GUMICA	KREATIVNOST
AKVARELI	ČETKE
KLEJ	OLOVKE
VODA	STO
STOLICA	ULJE
UGALJ	PAPIR
STALAK	PASTELA
KAMERA	MASTILO
LEPAK	

22 - Números

```
S M A A C N P Z A E C M D Š
S N И K C D E C I M A L N E
Č B K S R P T S V Y S O T S
S E D A M L N Š T R I S E N
И E T U M J A P E U B A O A
M C D R M E E O C S T M K E
T D V A N D S A P C T N H S
V V A P M A T D E H R A K T
F A N P J N E E T C I E M K
H D A T R T A S A L N S N L
T E E A D E V E T F A T U L
B S S O S A M T S G E U L A
Č E T I R I S C Z T S J A Y
V T V T R P G G H A T A Z P
```

PET	ČETRNAEST
DECIMALNE	ČETIRI
DESET	PETNAEST
ŠESNAEST	ŠEST
SEDAMNAEST	SEDAM
OSAMNAEST	TRINAEST
DVA	TRI
DVANAEST	JEDAN
DEVET	DVADESET
OSAM	NULA

23 - Especiarias

```
K K U M I N V U K U S T K B
F A O L K K Y A A J P Y I E
B R J S S O R T N A K Y S L
L A O L L M R F P I V T E I
A N Z A A O K I L I L И L L
C F Đ D T R A C J B U E O U
L I U I K A R I E A K I R K
A L M Ć O Č D R T N N J И V
P I B E N G A Z C I Š D Z B
B Ć I D T V M S Z S A H E И
I L R M И G O R K A F A C R
B U A C T B M F M V R S A I
E Z P Z D T P U L L A V A A
R E U R T U L L V T N R M D
```

ŠAFRAN
SLADIĆE
BELI LUK
GORKA
ANISA
KISELO
VANILE
CIMET
KARDAMOM
KARI

LUK
KORIJANDER
KUMIN
KARANFILIĆ
SLATKO
KOMORAČ
ĐUMBIR
BIBER
UKUS
SO

24 - Aniversário

```
T P H R O Đ E N K T E O K P
M O E E I P R D A N D V A O
P S R S S M U D R O S T L K
A E P T M D S G T I V V E L
U B S F A A R O I R E I N O
P N A N S N E D C C Ć I D N
R O M P U O Ć I E M E N A V
O T Z Y A K A N A K T K R V
S A P I J F N A Y H I E A Z
L P P P V E P A L P N I D U
A M R U A N V R E M E C O C
V L B N V G I S U J K H S Y
A A P R K O R C H O F P N N
N D P R I J A T E L J I O G
```

RADOSNO	DAN
PRIJATELJI	POKLON
GODINA	POSEBNO
TORTA	SREĆAN
KALENDAR	MLAD
PESMA	ROĐEN
KARTICE	MUDROST
PROSLAVA	VREME
POZIVNICE	SVEĆE

25 - Casa

```
M  I  B  P  C  D  I  G  V  I  A  B  B  T
S  G  U  S  P  U  Y  R  E  R  N  R  P  T
K  P  D  S  Z  H  J  T  M  S  A  A  T  O
E  L  K  A  F  A  D  B  U  V  O  T  C  G
G  A  R  A  Ž  A  Z  A  V  E  S  E  A  R
T  F  J  P  M  P  Z  Š  T  K  D  S  P  A
S  O  B  A  Y  I  T  T  T  U  A  L  R  D
И  N  P  I  B  D  N  A  A  H  Š  A  O  E
N  A  M  E  Š  T  A  J  V  I  T  V  Z  Z
T  A  S  T  E  R  I  G  A  N  E  I  O  I
R  M  B  V  N  R  F  A  N  J  P  N  R  D
O  G  L  E  D  A  L  O  U  A  I  A  B  G
B  I  B  L  I  O  T  E  K  E  H  И  P  A
И  H  F  K  N  B  A  G  M  E  T  L  A  S
```

BIBLIOTEKE	KAMIN
OGRADE	NAMEŠTAJ
TASTERI	ZID
TUŠ	VRATA
ZAVESE	SOBA
KUHINJA	TAVANU
OGLEDALO	TEPIH
GARAŽA	PLAFON
PROZOR	SLAVINA
BAŠTA	METLA

26 - Vegetais

```
P B T E B A Đ U M B I R D P
A R H D T U R E P A U И Š A
T O L Y P N N T P P J G A V
L K T M B L Z D I T F R R R
I O Z P P A J R E Č N A G O
D L B E L I L U K V O Š A T
Ž I V R T U T D R P E K R K
A L P Š R T K H A N B A E V
N S P U E S R U S R R L P I
T P S N K Y O O T L Y B A C
Š A L O T B M S A L A T A A
M N F K S P P H V P C H L A
P A K G L J I V A U A R J P
I Ć G R C R R Z C E L E R И
```

BUNDEVE
CELER
ARTIČOKE
BELI LUK
KROMPIR
PATLIDŽAN
BROKOLI
LUK
ŠARGAREPA
ŠALOT

GLJIVA
GRAŠKA
SPANAĆ
ĐUMBIR
REPA
KRASTAVAC
ROTKVICA
SALATA
PERŠUN

27 - Exploração

```
Ž P H P F Y N D J P O J D I
I R S O H Y O P A V И B Y S
V J V D Z R V C P L A N S C
O T E R E N A A L Z E Z A R
T C M E B P G B L P P K V P
I H I Đ C O T K R I Ć E O L
N G R I J E Z I K O Z U B J
J D I V L J A H A F S Z I E
E E P A N P U T O V A T I N
J A N N U Z B U Đ E N J E O
A P B J O P A S N O S T I S
G U P E A K T I V N O S T T
И E N E P O Z N A T N G T I
O C O Z J K U L T U R A T B
```

ŽIVOTINJE
AKTIVNOST
HRABROST
KULTURA
OTKRIĆE
NEPOZNAT
ODREĐIVANJE
DALEKOJ
SVEMIR

ISCRPLJENOST
UZBUĐENJE
JEZIK
NOVA
OPASNOSTI
DIVLJA
TEREN
PUTOVATI

28 - Balé

```
I  B  V  R  T  E  H  N  I  K  A  S  N  P
N  P  E  T  R  G  V  C  T  S  N  U  D  R
T  L  Š  E  D  R  G  A  T  V  S  O  L  O
E  E  T  J  K  I  R  M  V  K  E  M  F  B
N  S  I  G  J  T  S  T  I  L  M  Ž  A  E
Z  A  N  H  U  A  P  L  A  U  Z  Y  B  Y
I  Č  A  K  O  M  P  O  Z  I  T  O  R  A
T  A  U  Z  R  U  M  E  T  N  I  Č  K  E
E  T  N  T  K  D  S  Z  M  U  Z  I  K  A
T  A  Y  N  E  O  O  L  R  G  E  S  T  I
N  R  O  Y  S  G  R  A  C  I  O  Z  A  N
I  V  T  V  T  B  A  L  E  R  I  N  A  C
U  A  F  E  A  P  U  B  L  I  K  E  K  E
Z  H  I  Z  R  A  Ž  A  J  A  N  C  U  I
```

APLAUZ	VEŠTINA
UMETNIČKE	INTENZITET
BALERINA	MUZIKA
KOMPOZITOR	ORKESTAR
PLESAČA	VEŽBA
PROBE	PUBLIKE
STIL	RITAM
IZRAŽAJAN	SOLO
GEST	TEHNIKA
GRACIOZAN	

29 - Conservação

```
E  K  O  L  O  Š  K  A  T  J  N  J  C  O
Z  E  L  E  N  P  R  I  R  O  D  N  O  E
N  A  L  B  I  S  Z  V  И  K  J  U  R  B
O  R  G  A  N  S  K  I  H  Z  L  G  D  R
C  S  T  A  N  I  Š  T  E  A  K  I  S  A
L  C  Z  G  Đ  U  U  Y  Z  P  C  A  M  M
P  G  N  O  R  E  C  I  K  L  I  R  A  A
M  P  V  O  L  O  N  T  E  R  K  U  N  T
D  P  Y  L  S  V  F  J  И  R  L  F  J  F
Z  D  R  A  V  L  J  E  A  G  U  H  I  N
E  D  C  K  O  D  R  Ž  I  V  S  Z  T  B
C  S  M  E  D  F  P  E  S  T  I  C  I  D
V  O  V  S  A  E  K  O  S  I  S  T  E  M
O  B  R  A  Z  O  V  A  N  J  E  J  M  I
```

EKOLOŠKA	PESTICID
VODA	ZAGAĐENJA
CIKLUS	RECIKLIRA
KLIMA	SMANJITI
EKOSISTEM	ZDRAVLJE
OBRAZOVANJE	ODRŽIV
STANIŠTE	ZELEN
PRIRODNO	VOLONTER
ORGANSKI	

30 - Adjetivos #1

```
U  T  I  D  E  N  T  I  Č  A  N  I  V  E
M  V  A  Ž  N  O  A  S  O  M  T  F  E  G
E  A  J  J  R  H  M  K  K  M  C  V  L  Z
T  R  T  V  A  T  N  R  F  T  O  O  I  O
N  O  T  R  U  N  O  E  P  A  G  Z  K  T
I  M  A  E  A  G  S  N  U  N  R  B  O  I
Č  A  P  D  N  K  K  T  F  A  O  I  D  Č
K  T  S  N  B  B  T  A  V  K  M  L  U  N
E  I  O  E  I  I  E  I  S  E  A  J  Š  E
B  Č  L  C  O  M  O  G  V  P  N  A  A  C
U  N  U  M  O  D  E  R  A  N  O  N  N  A
D  O  T  F  V  E  L  I  K  A  E  R  E  F
Y  C  N  S  A  V  R  Š  E  N  O  C  O  J
Y  F  E  Z  F  A  R  B  T  E  Š  K  A  E
```

APSOLUTNE	ISKREN
AROMATIČNO	IDENTIČAN
UMETNIČKE	VAŽNO
ATRAKTIVNE	SPORO
OGROMAN	TAJANSTVEN
TAMNO	MODERAN
EGZOTIČNE	SAVRŠENO
TANAK	TEŠKA
VELIKODUŠAN	OZBILJAN
VELIKA	VREDNE

31 - Insetos

```
P  T  H  И  S  A  S  L  E  P  T  I  R  D
И  A  K  I  J  P  J  V  И  И  Č  T  M  E
V  I  L  I  N  K  O  N  J  I  C  E  O  A
S  D  U  C  K  O  M  A  R  A  C  R  L  M
U  K  U  R  K  S  Y  N  U  L  I  M  J  A
M  R  A  V  V  A  C  H  U  J  Y  I  A  N
U  K  R  K  V  H  S  V  R  O  T  T  C  T
Š  O  V  L  A  B  U  B  A  M  A  R  A  I
I  P  Y  H  C  V  R  Č  C  I  R  M  J  S
R  B  U  V  A  O  A  O  P  I  H  P  C  L
E  I  U  F  H  S  S  C  L  A  R  V  A  D
N  L  R  B  U  B  A  Š  V  A  B  A  T  P
I  D  G  U  A  Z  N  R  B  C  U  G  P  G
H  S  D  E  E  E  I  Z  P  D  H  A  U  K
```

PČELA	LARVA
BUBAŠVABA	VILIN KONJIC
BUBA	MANTIS
LEPTIR	MOLJAC
CVRČCI	CRV
TERMIT	KOMARAC
MRAV	BUVA
SKAKAVAC	UŠIRENIH
BUBAMARA	OSA

32 - Paisagens

```
L E D E N O G B R E G A M R
V F Z R S Z M O Č V A R A P
O O P O P F A И S P U N R E
P S D M T Y R A B A G J M Ć
L Z T O P U S T I N J I P I
A A U R P Z E I E J O J L N
N L N E V A R E K E K E A E
I I D C C O D B O C E Z Ž A
N V R V U L K A N Z A E A D
E B E G A J C A L A N R P O
N E R Y R Z J G Y M Y O O L
U Y K D P A G L E Č E R A I
P I R P O V T U I Y V P Z N
P O L U O S T R V O E Y E I
```

VODOPAD	PLANINE
PEĆINE	OAZE
BRDO	OKEAN
PUSTINJI	MOČVARA
GLEČER	POLUOSTRVO
ZALIV	PLAŽA
LEDENOG BREGA	REKE
OSTRVO	TUNDRE
JEZERO	DOLINI
MORE	VULKAN

33 - Dança

```
R A D O S N O S V E S M A P
E M O C I J A I C U S P K A
J K O R E O G R A F I J A R
R L И T M U Z I K A E P D T
U Z D E K U L T U R N I E N
A M O L N U P A L H C Z M E
R U E O L D L M I N Z R I R
O И V T S N D T L P U A J T
S T A V N I D S U A R H E И
И G A E R O P B G R R O H D
P O K R E T S K I G A C B N
P T B L V N E T P D R M R E
G R E J S K L A S I Č N E D
I Z R A Ž A J A N I N R И U
```

AKADEMIJE
RADOSNO
UMETNOST
KLASIČNE
KOREOGRAFIJA
TELO
KULTURA
KULTURNI
EMOCIJA

PROBE
IZRAŽAJAN
GREJS
POKRET
MUZIKA
PARTNER
STAV
RITAM

34 - Nutrição

```
N F C V I T A M I N O R C U
I Y I D G T D B N Z T E D K
O I J H S S K I R E R T O U
S И U G O R K A J D O T L S
K V A L I T E T L E V K I D
V A R E N J E E O O T S O S
D J E K E B G M Z D R A V Z
U R A V N O T E Ž E N I O E
S N H M T F Z D R A V L J E
J E S T I V O R A P P S M A
P T E Č N O S T I E L И K J
B K K R Z K P R O T E I N A
V T E Ž I N A A H I D M J D
S A S T O J C I G T I P H C
```

GORKA
APETIT
KALORIJA
JESTIVO
DIJETA
VARENJE
URAVNOTEŽEN
SASTOJCI
TEČNOSTI
SOS

TEŽINA
DEO
PROTEINA
KVALITET
UKUS
ZDRAV
ZDRAVLJE
OTROV
VITAMIN

35 - Disciplinas Científicas

```
N E U R O L O G I J E L O S
O B H A S T R O N O M I J E
G P I E M N B Z K G G N S A
F S P O M И P J O N E G O N
P I T J H I M N Z F O V C A
B H L L H E J C Z N L I I T
M O M N H G M E O C O S O O
P L T A H O U I C R G T L M
Y O O A S R Y N J P I I O I
Y G И P N I A C R E J K G J
K I C P C I A H M E E E I E
F J A U I E K O L O G I J E
R E S J O I G E E A И M E O
B I O L O G I J E P Y M O J
```

ANATOMIJE	GEOLOGIJE
ASTRONOMIJE	LINGVISTIKE
BIOLOGIJE	NEUROLOGIJE
BIOHEMIJE	PSIHOLOGIJE
BOTANIKE	HEMIJE
EKOLOGIJE	SOCIOLOGIJE

36 - Meditação

```
U  Č  E  N  J  A  И  K  P  A  Ž  N  J  A
I  A  U  M  M  Z  A  N  O  S  E  U  H  C
S  K  F  H  I  Z  E  S  S  A  M  L  P  L
L  T  U  D  Z  S  R  C  M  O  O  P  J  G
P  J  A  P  A  P  L  T  A  S  C  E  M  F
O  M  U  V  H  U  I  I  T  E  I  R  I  M
K  E  J  B  V  B  Y  Š  R  Ć  J  S  R  U
R  N  A  U  A  K  V  I  A  A  A  P  P  Z
E  T  S  D  L  Z  И  N  N  N  S  E  R  I
T  A  N  A  N  B  N  A  J  J  M  K  I  K
J  L  O  N  O  M  I  O  E  E  A  T  R  A
Z  N  Ć  P  S  I  M  U  S  R  H  I  O  N
J  E  E  H  T  M  C  M  V  T  J  V  D  G
V  P  R  I  H  V  A  T  A  N  J  E  A  S
```

PRIHVATANJE	UM
BUDAN	POKRET
PAŽNJA	MUZIKA
LJUBAZNOST	PRIRODA
JASNOĆE	POSMATRANJE
SAOSEĆANJE	MIR
EMOCIJA	MISLI
UČENJA	PERSPEKTIVE
ZAHVALNOST	STAV
MENTALNE	TIŠINA

37 - Gatos

```
G G B S R R F O Z F P V N D
S D G T E A P N S K R Z N O
M I Š I P Z D K A P E G E S
E T T D U I A O N D D N Z G
Š S I L L G B D Z H I F A A
N R F J I R P J R N V A V M
O L И I Č A D Y C D A L I V
U L P V N N P O B Y H O S V
B O U P O K A N D Ž A J N T
P V J D S Š A P E V R J A P
U A V G T D I V L J A И G R
G C P Z I O A T И L T I E G
U L I K D B C E T Y J I U V
Z И P J L H S R B D P L I R
```

RAZIGRAN
LOVAC
REP
RADOZNAO
SAN
SMEŠNO
PREDIVA
KANDŽA

NEZAVISNA
LUD
MIŠ
ŠAPE
KRZNO
LIČNOSTI
DIVLJA
STIDLJIV

38 - Artes Visuais

```
K F F P Z A J E K E A U S P
R O G I N F S G B K R M K E
E T D G L I N E H F H E U R
A O V S N M H I J O I T L S
T G D O L O V K A K T N P P
I R S J S T A L A K E I T E
V A H A U A F R E E K K U K
N F N S S G K Y I R T R R T
O I L A K T P R A A U A E I
S J I Z U G A L J M R P L V
T A K B C E P V M I A J C E
R E M E K D E L O K P S Z O
P O R T R E T P M E K N U Y
Š A B L O N K R E D E U S K
```

GLINE
ARHITEKTURA
UMETNIK
OLOVKA
UGALJ
STALAK
VOSAK
KERAMIKE
SASTAV
KREATIVNOST

SKULPTURE
ŠABLON
FILM
FOTOGRAFIJA
KREDE
REMEK-DELO
PERSPEKTIVE
PORTRET
LAK

39 - Instrumentos Musicais

```
H  S  Y  O  P  D  P  K  P  P  G  D  P  N
A  A  И  A  U  C  K  L  A  R  I  N  E  T
R  K  H  A  S  Y  I  G  C  V  T  T  P  R
F  S  O  B  O  U  P  K  F  I  A  A  S  O
E  O  N  E  U  B  Y  H  A  O  R  M  Y  M
P  F  H  N  D  B  M  O  G  L  A  B  K  B
A  O  A  D  A  A  A  B  O  I  T  U  L  O
K  N  R  Ž  R  T  N  N  T  N  R  R  A  N
G  O  M  O  A  A  D  F  J  U  U  A  V  P
E  O  O  A  L  K  O  T  L  Z  B  Š  I  S
T  A  N  K  J  G  L  P  R  A  A  A  R  U
K  R  I  G  K  R  I  C  N  I  U  M  E  B
G  И  K  M  E  A  N  H  R  И  G  T  A  I
U  L  A  D  И  Y  A  A  T  R  H  Y  A  A
```

MANDOLINA
BENDŽO
BATAK
KLARINET
FAGOT
FLAUTA
HARMONIKA
GONG
HARFE
OBOU

TAMBURAŠA
UDARALJKE
KLAVIR
SAKSOFON
BUBANJ
TROMBON
TRUBA
GITARA
VIOLINU

40 - Escola #1

```
B I S P I T A M Y E U O S B
G R N O G E C A B I Č D T I
J I O L A Z R T E L I G O B
A J N J H U P E L F T O L L
I A M J E A A M D F E V U I
S O L E A V P A U A L O O O
B L V F Y N E T E S J R U T
S O A G A A B I J C S E P E
H V H I K B U K O I S Z Z K
P K N J I G E E I K V I Z E
J A G I U H S T O L I C A I
A L P P R I J A T E L J I F
N A H I R O L O V K E A P A
K L T T R U Č A K U A U A N
```

ALFABET
RUČAK
PRIJATELJI
BIBLIOTEKE
STOLICA
OLOVKE
ISPITA
OLOVKA
KNJIGE

MATEMATIKE
STOLU
BROJEVE
PAPIR
FASCIKLE
UČITELJ
KVIZ
ODGOVORE

41 - Adjetivos #2

```
K R E A T I V N E S K Z V A
R G G P O D G O V O R A N U
G N S P R N A D A R E N P T
V R U Ć E O S L A N O N O E
E Z V J R Z D R A V A H N N
L A A L L O Y U Č E R F O T
E N M P И R M E K I L И S I
G I O R N D J E M T S P N Č
A M P R I R O D N O I T I A
N L I Z M P O Z N A T V A N
T J S B J A K I И A P N N И
A I N D I V L J A P V O S I
N V I L D A C N D N Z U L S
A O S N O V A N O K M R A U
```

AUTENTIČAN
KREATIVNE
OPISNI
NADAREN
ELEGANTAN
POZNAT
JAK
ZANIMLJIVO
PRIRODNO
NORMALNO

NOVA
PONOSNI
PRODUKTIVNI
ČISTA
VRUĆE
ODGOVORAN
SLANO
ZDRAV
SUVA
DIVLJA

42 - Roupas

```
N N R B Z R K E C E L J A N
M A P A N U N S C I G O N K
P S T M A K Č A R A P E V T
T A D U I A A N F D I E G P
K A P U T V O D P B D M L P
O P Z P M I A A R Ž J N A
Š J O C H C B L U Z A M A N
U O A J I E D E S Š M O R T
L G F K A A Ž G U E E D U A
J R R P N S E A K Š Y A K L
A L V K J U M Z N I Z L V O
G I H P O L P L J R E P I N
Y C B F H P E F A P Z G C E
D A S I F A R M E R K E A L
```

KECELJA
BLUZA
PANTALONE
KOŠULJA
KAPUT
ŠEŠIR
POJAS
OGRLICA
JAKNU
FARMERKE

RUKAVICE
ČARAPE
MODA
PIDŽAME
NARUKVICA
SUKNJA
SANDALE
CIPELA
DŽEMPER

43 - Herbalismo

```
Z H U K N D K O R I S T A N
E V V Y A R O M A T I Č N O
L C M T P A R S H T L S B G
E B A B O S I L J A K J A R
N E L C H P J P M U K O Š A
T L A V N C A B U K U S T M
E I V E L B N I R V J A A A
S L A T J G D L U A R S M J
T U N R P D E J Z L D T A O
R K D S E Y R K M I H O B R
A P E R Š U N A A T L J A A
G O R I G A N O R E J A K N
O K O M O R A Č I T И K P Y
N Š A F R A N U N И M E I D
```

ŠAFRAN
RUZMARIN
BELI LUK
AROMATIČNO
KORISTAN
KORIJANDER
ESTRAGON
CVET
KOMORAČ
SASTOJAK

BAŠTA
LAVANDE
BOSILJAK
MAJORAN
ORIGANO
BILJKA
KVALITET
UKUS
PERŠUN
ZELEN

44 - Férias #1

```
E  M  U  Y  N  Y  C  H  V  A  L  U  T  E
I  K  O  F  E  R  P  P  E  E  N  A  K  S
F  R  S  D  N  U  L  L  C  R  N  I  F
Z  E  A  P  S  U  K  O  L  A  I  N  Š  V
T  A  L  J  E  Z  E  R  O  S  B  A  O  D
U  J  Y  N  O  D  L  A  Z  A  K  A  B  Z
R  P  B  C  A  R  I  N  E  T  P  V  R  M
I  D  G  G  K  P  F  C  V  I  U  I  A  K
S  K  S  U  P  G  F  M  I  M  C  O  N  S
T  R  A  M  V  A  J  N  V  J  K  N  H  R
A  A  V  D  K  A  R  T  U  M  E  O  L  A
R  E  L  A  K  S  A  C  I  J  A  S  D  N
P  R  O  G  R  A  M  U  Z  E  J  B  T  A
P  D  K  K  P  E  H  J  B  L  P  J  U  C
```

CARINE	JEZERO
AVION	KOFER
KARTU	RANAC
TRAMVAJ	VALUTE
KOLA	MUZEJ
EKSPEDICIJE	ODLAZAK
KIŠOBRAN	RELAKSACIJA
PROGRAM	TURISTA

45 - Frutas

```
M L K A J S I J E U A E B K
N A I V I Š N J E P M E R K
И E N M A L I N E A S A E C
A K K G U S И L G P K E S H
N R O T O N P A P A J A K B
A U K S A P F J O V A B V A
N Š O R K R F D M O B E E N
A K S E U G I Y O K U R N A
S E M C P R G N R A K R L N
K I V I I O N И A D A I K E
C V Y И N Ž N A N O A G C E
Y A N P A Đ G O D A P O J A
U G И G A A I G Ž D R J B E
C C R A N N H M A S A A L G
```

AVOKADO
ANANAS
KUPINA
BERRI
BANANE
VIŠNJE
KOKOS
KAJSIJE
FIG
MALINE

KIVI
POMORANDŽA
LIMUN
JABUKA
PAPAJA
MANGO
NEKTARINA
KRUŠKE
BRESKVE
GROŽĐA

46 - Corpo Humano

```
K O L E N O S A S N F M B S
O K A D I O M O Z A K R P K
Ž O K A N Y S B C O R Z Z O
A O A O P G P A C P C I L Č
I V T E K R V C N Y G R P N
C S P A L U S T O V N O O I
B R A D A K M T G E A F J Z
S C H P A A J M U V O N A G
Č E L O P V H Z S L P F L L
E A P M S I D L T L D V R O
F F Z K G L A V A R A M E B
M V C F Y I B J R И O V U H
A I A Z H C E D H A M Z G E
U U S U И E P B R R T Y Z P
```

USTA	OKO
GLAVA	RAME
MOZAK	UVO
SRCE	KOŽA
LAKAT	NOGU
PRST	VRAT
KOLENO	BRADA
VILICE	KRV
RUKA	ČELO
NOS	SKOČNI ZGLOB

47 - Restaurante #1

```
K A F A K U H I N J A Z E Y
K O P L O Č A S O N E A V D
Č I N I J U R Y Ž T T Č M H
E G J O N C A E H V B I O N
E E L A B A E R L M L N D S
T F E Y A A N F E V A J F A
L C N J И S R P B Z G E S S
Y S O M M B V I O D A N O T
M И A H F И V L C D J O S O
E E K L J C E E O A N T A J
N F S J V A L E R G I J E C
I A K A D E S E R T K H D I
B E A K B S T R I V V A K Y
R R E Z E R V A C I J E C K
```

ALERGIJE

KAFA

BLAGAJNIK

MESA

KUHINJA

NOŽ

PILE

KONOBARICA

SALVETA

SASTOJCI

MENI

SOS

HLEB

ZAČINJENO

PLOČA

REZERVACIJE

DESERT

ČINIJU

48 - Caminhada

```
D Y F H A A F S R P P Ž D D
P O L O Ž A J U A A R I I И
E F F И J S B N P R I V V K
P V O D I Č I C M K P O L A
T L R K L I F E A O R T J M
Z E A И S Z A O P V E I A P
L M Š N A M D P A A M N V O
Y A L K I E T A R V A J R V
V O D A A N A S O I N E E A
D S A K A M E N J E R A M N
U M O R A N S O G F И O E J
G O K H A R P S P S R J D E
H B F S D P T T L U E C S A
C R G U A K L I M A B A N И
```

KAMPOVANJE POLOŽAJ
ŽIVOTINJE PARKOVA
VODA KAMENJE
ČIZME KLIF
UMORAN OPASNOSTI
KLIMA TEŠKA
VODIČI PRIPREMA
MAPA DIVLJA
PLANINE SUNCE
PRIRODA VREME

49 - Água

```
G N K I Š E A P H R N J I P
Z E P O P L A V A Y N E S A
P O J D B T A L A S A Z P R
M T R Z V G U J H N V E A E
R E K E I S L Š F E O R R R
A D G A Y R A K P G D O A J
Z B R K U R A G A N K V P
J Y M A B P U I J E J E A Y
H J A N P I T K E Z A A N F
O M V A M O N S U N V N J L
S B P L E D S U P U A A A И
B N R A P G N G D N B H A
K I I V M G B И O P J P O C
G И S И B T E V A Y E R I Y
```

KANAL	JEZERO
KIŠE	MONSUN
TUŠ	SNEG
ISPARAVANJA	OKEANA
URAGAN	TALASA
MRAZ	PITKE
LED	REKE
GEJZIR	VLAGE
POPLAVA	PARE
NAVODNJAVANJE	

50 - Ecologia

```
P  L  A  N  I  N  E  K  F  Y  A  P  O  Z
R  F  G  S  T  A  N  I  Š  T  E  R  P  A
I  Y  L  M  O  Č  V  A  R  A  R  I  S  J
R  Z  O  O  M  A  T  B  O  B  G  R  T  E
O  F  B  R  R  Z  E  N  I  N  H  O  A  D
D  Z  A  S  H  E  N  E  R  L  N  D  N  N
N  G  L  K  L  I  M  A  A  C  J  A  A  I
O  R  N  I  G  G  N  R  Z  I  J  K  K  C
D  E  O  H  F  R  D  Y  L  P  M  B  E  E
R  S  U  Š  E  V  M  P  I  F  A  U  N  E
Ž  U  C  P  U  A  B  B  Č  U  H  C  N  D
I  R  R  A  Z  N  O  L  I  K  O  S  T  S
V  S  N  N  V  E  G  E  T  A  C  I  J  E
M  E  V  O  L  O  N  T  E  R  A  K  P  T
```

KLIMA	PRIRODA
ZAJEDNICE	MOČVARA
RAZNOLIKOST	BILJKE
FAUNE	RESURSE
FLORE	SUŠE
GLOBALNO	OPSTANAK
STANIŠTE	ODRŽIV
MORSKIH	RAZLIČITE
PLANINE	VEGETACIJE
PRIRODNO	VOLONTERA

51 - Família

```
D E T I N J S T V A A Y F N
E N Y A O P C O Č I N S K E
C L C Z S E S T R A O G T Ć
A M A J U J A K O V T M J A
Y U U N P I M B И E A A L K
D Ć D Ž R O Đ A K D C J U I
O E K J U P И K U J A Č N N
O R T V G B R A T T И I U J
И K E E A N I E J B N N K A
I A T N E Ć A K D Y Z S C V
J N K G J C C E M A R K E B
U Z A R P G Y D A V K E T K
L A Z K U U G S D I И T D N
M A J K A N S G N C H G J S
```

PREDAK	MAJČINSKE
BAKA	MAJKA
DETE	UNUK
DECA	OTAC
SUPRUGA	OČINSKE
ĆERKA	ROĐAK
DETINJSTVA	NEĆAKINJA
SESTRA	NEĆAK
BRAT	TETKA
MUŽ	UJAK

52 - Férias #2

```
F  K  O  Š  A  T  O  R  T  V  V  И  R  P
H  O  T  E  L  H  A  O  C  B  V  A  E  U
A  И  T  G  K  P  L  A  N  I  N  E  Z  T
U  R  F  O  A  E  R  O  D  R  O  M  E  O
И  L  S  B  G  T  M  D  S  Z  H  V  R  V
B  M  P  O  D  R  E  D  I  Š  T  E  V  A
O  P  L  A  Ž  A  A  C  M  O  R  E  A  N
P  S  G  A  S  U  B  F  D  I  S  M  C  J
R  T  T  Y  C  O  J  F  I  J  O  A  I  E
E  R  A  R  U  D  Š  A  F  J  O  P  J  H
V  A  K  G  V  M  A  Y  R  P  E  A  E  R
O  N  S  T  I  O  S  L  O  B  O  D  N  O
Z  A  I  И  Z  R  R  E  S  T  O  R  A  N
V  C  L  R  A  E  B  A  H  V  J  Y  Y  E
```

AERODROM	PLANINE
ODREDIŠTE	PASOŠ
STRANAC	PLAŽA
ODMOR	REZERVACIJE
FOTOGRAFIJE	RESTORAN
HOTEL	TAKSI
OSTRVO	ŠATOR
SLOBODNO	PREVOZ
MAPA	PUTOVANJE
MORE	VIZA

53 - Edifícios

```
M J E J D P S G K Y G L E O
F U D E N O Š K O L A A O P
A R G A Y Z Z A M A K B L S
B I O S K O P M T F I O M E
R P B N S R G B N O C R A R
I B O L N I C A E V R A M V
K и Z S A Š L S A S I T B A
E S I R O T F A R M I O A T
A T M U Z E J D Y T Z R R O
A A A G H O T E L V A I K R
L N S T A D I O N G L J U I
S U P E R M A R K E T A L J
U N I V E R Z I T E T S A E
G A R A Ž A T A T K M J D H
```

STAN	BOLNICA
ZAMAK	HOTEL
AMBAR	LABORATORIJA
BIOSKOP	MUZEJ
AMBASADE	OPSERVATORIJE
ŠKOLA	SUPERMARKETA
STADION	POZORIŠTE
FARMI	ŠATOR
FABRIKE	KULA
GARAŽA	UNIVERZITET

54 - Praia

```
A Č K T S Z N B F D L R C Y
K A O J Z A L C U F R F D O
M M B V A P N K R A B A Z S
O A A L И P P D O K B J S U
R C L L A A Z F A M L E O N
E K E L P G И F B L L D S C
R A A Y Y R U V A K E R T E
A P M C P E L N H T И I R U
N И Z M T B P И E C O L V O
P L A V A E E E G N T I O И
Y D G Z P N S Z Š A A C K V
K I Š O B R A N G K N A E B
G N P P A O K E Z I I L A U
A I P T I D P M И И R R N J
```

PESAK   LAGUNE
PLAVA   MORE
ČAMAC   OKEAN
KRABA   GREBEN
OBALE   SANDALE
DOK   SUNCE
KIŠOBRAN   PEŠKIR
OSTRVO   JEDRILICA

55 - Xadrez

```
G N M C P P V K R A L J C T
K N I R O E R R A K V G T U
T R P N E B E O E O B Y T R
A S A A N B R B T M I H M N
K T S L I G R A A I E J E I
M R I И J И Z L P R V A K R
I A V O P I M Y C H N N E G
Č T N F P G C M D K A G I T
E E I P F R M A Z K A P Z K
N G P P S A N P P M S P A E
J I C H M Č V R C U D A Z F
E J Ž R T V O V A N J E O O
H U D I J A G O N A L E V V
P R A V I L A O A C M R A T
```

BEO	PASIVNI
PRVAK	POENI
TAKMIČENJE	CRNA
IZAZOVA	KRALJICA
DIJAGONALE	PRAVILA
STRATEGIJU	KRALJ
IGRAČ	ŽRTVOVANJE
IGRA	VREME
PROTIVNIK	TURNIR

56 - Aventura

```
O D R E D I Š T E I L N D H
I N G N N R K A B R J E K R
N A F O L T A P R I R O D A
S V H V D V U I U D D B O B
G I J A C Z N Z S O Y I P R
C G Š A N S A A I V K Č A O
R A D O S T N Z G J K N S S
L C L H E U U O U Y A O A T
E I V H N N L V R D N Z N B
P J H O U P Z A N P R Y A A
O U U И P H P R O G R A M M
T E Š K O Ć E U S D U O A A
A U A P R I J A T E L J I V
A K T I V N O S T H T P S L
```

RADOST
PRIJATELJI
AKTIVNOST
LEPOTA
HRABROST
ŠANSA
IZAZOVA
ODREDIŠTE
TEŠKOĆE

ENTUZIJAZAM
NEOBIČNO
PROGRAM
PRIRODA
NAVIGACIJU
NOVA
OPASAN
SIGURNOST

57 - Surf

```
A  K  S  И  V  Z  M  Z  Y  P  S  E  I  C
H  T  C  H  T  B  И  K  P  L  T  K  M  D
H  B  B  P  Z  P  N  S  R  A  O  S  J  E
G  R  E  B  E  N  I  S  V  Ž  M  T  J  D
U  Z  P  O  Č  E  T  N  A  A  A  R  D  Y
Ž  I  P  B  K  H  I  A  K  N  K  E  P  I
V  N  A  E  K  E  H  G  M  B  S  M  O  P
E  A  T  Z  N  A  A  E  R  L  F  N  N  E
P  P  C  S  A  A  I  N  E  A  P  E  I  E
Y  O  S  R  S  P  O  R  T  I  S  T  A  D
U  V  P  O  P  U  L  A  R  N  A  T  D  F
F  A  Y  K  P  Y  M  P  V  P  I  Y  I  D
I  И  C  J  K  T  И  V  R  E  M  E  G  L
T  A  L  A  S  И  P  E  И  P  I  H  A  M
```

SPORTISTA	OKEAN
PRVAK	TALAS
PENA	POPULARNA
STIL	PLAŽA
STOMAK	POČETNA
EKSTREMNE	BRZINA
SNAGE	GREBEN
GUŽVE	VREME

58 - Floresta Tropical

```
A M B O T A N I Č K I N U K
D R V R S T E V P G F O T I
M P O Š T O V A T I J P O R
V A U T O H T O N I H S Č A
S O H O Č U V A N J E T I Z
I O D O K L O F E I Y A Š N
S B Ž O V L N J H N G N T O
A L U L Z I I I B S Y A E L
R A N O A E N M И E A K V I
A C G U H Y M A A K H I R K
U I L E K A K C P T I C E O
P R I R O D A H I I F F D S
Z A J E D N I C A C C G N T
R E S T A U R A C I J A E S
```

VODOZEMCI	PRIRODA
BOTANIČKI	OBLACI
KLIMA	PTICE
ZAJEDNICA	OČUVANJE
RAZNOLIKOST	UTOČIŠTE
VRSTE	POŠTOVATI
AUTOHTONIH	RESTAURACIJA
INSEKTI	DŽUNGLI
SISARA	OPSTANAK
MAHOVINA	VREDNE

59 - Cidade

```
H S V A F T G P R C V R H B
A S A Y S P A S E P G И J I
A U D L J S L И S K Z A S B
Z P M H O T E L T N A J O L
S E O I G N R Z O J P R U I
C R B T I O I O R I J O A O
V M A V E K J O A Ž G G A T
E A N P И K A V N A G S V E
Ć R K M V T E R R R R A S K
A K E A D A R T L A R C N E
R E A E R O D R O M U Z E J
Z T T R Ž I Š T E H O Y G I
T A Š K O L A S T A D I O N
O G P O Z O R I Š T E N G C
```

AERODROM

BANKE

BIBLIOTEKE

ŠKOLA

STADION

APOTEKE

CVEĆAR

GALERIJA

HOTEL

ZOO VRT

KNJIŽARA

TRŽIŠTE

MUZEJ

PEKARA

RESTORAN

SALON

SUPERMARKETA

POZORIŠTE

60 - Matemática

```
A V P K G G U C P A D O E A
R R R V V E P H R B P T K V
I Y E A O O R D A Y P P S N
T P Č D L M A E V U P B P M
M E N R U E V C O M O R O J
E R I A M T N I U B L S N E
T I K T E R O M G U I I E D
I M G D N I Y A A G G M N N
K E K K V J J L O L O E T A
A T P I L E M N N O N T C Č
R A D I J U S E I V A R A I
F R A K C I J A K A L I M N
P A R A L E L N I R D J Z A
T R O U G A O I I D D A B A
```

ARITMETIKA
UGLOVA
OBIM
DECIMALNE
PREČNIK
JEDNAČINA
EKSPONENT
FRAKCIJA
GEOMETRIJE
PARALELNI

PERIMETAR
UPRAVNO
POLIGONA
KVADRAT
RADIJUS
PRAVOUGAONIK
SIMETRIJA
TROUGAO
VOLUMEN

61 - Natureza

```
K U J M G L R C K M A H P D
G S V C M E S V A B A B Č D
S L E P O T A S Y R S G E I
J K E T R O P S K E V L L N
N J L Č L E U P S K E I E A
U K D O E Y T F V E T Š Ž M
S A I И N R H P B R I Ć I I
P R V I M I R N O O L E V Č
O B L A C I Š S E Z I P O A
K V J R L L U T J I Š И T N
O F A K U R M J E J T Z I P
J E I T P M A M D E E Z N A
A O O I P U S T I N J I J U
N L S K V I T A L N I S E M
```

PČELE
SKLONIŠTE
ŽIVOTINJE
ARKTIK
LEPOTA
PUSTINJI
DINAMIČAN
EROZIJE
ŠUMA
LIŠĆE

GLEČER
MAGLA
OBLACI
MIRNO
REKE
SVETILIŠTE
DIVLJA
SPOKOJAN
TROPSKE
VITALNI

62 - Preencher

```
K U T I J A D F I O K A D M
H P P B A K E Ž O I A L L I
B V B R E R P F E E Z I B K
T O R B A B Y N T P L R G O
I U P R A E B I B Y B A K R
M B H D E C F K L U B P И P
P A K E T L E Ž I Š T E K I
H S A O P I O V I L E R O P
J E J O F U B A K G G K V И
B N M P H E U Z O И L Z E K
S O F O F M R A F C U J R K
E I C A G I E E U N A M T F
K R E A I Y E J F I U N E N
M F V Z M C F A S C I K L U
```

BASEN
KOFU
LEŽIŠTE
BURE
DŽEP
KUTIJA
KORPI
KOVERTE
BOCA

FIOKA
TEGLU
KOFER
PAKET
FASCIKLU
TORBA
CEV
VAZA

63 - Animais de Estimação

```
E  M  P  V  И  G  K  A  E  V  B  O  K  E
K  A  N  D  Ž  E  U  O  E  S  A  K  O  A
P  Č  C  E  И  U  G  Š  Z  L  D  O  R  T
Z  E  C  H  P  P  M  P  T  A  H  V  N  A
T  G  K  R  A  V  A  Z  O  E  G  R  J  R
H  G  J  Č  P  V  M  K  J  O  R  A  A  I
Y  Y  Y  A  A  E  C  I  Y  E  E  T  Č  B
D  A  N  K  G  T  N  L  Š  P  H  N  A  E
V  O  D  A  A  E  Š  T  E  N  E  I  R  V
P  N  M  M  J  R  A  H  Y  V  J  K  E  K
A  P  A  N  D  I  V  P  L  F  A  B  P  C
U  G  Č  Y  N  N  Z  И  S  C  H  P  Y  K
L  E  K  R  Y  A  J  K  K  B  P  A  F  Z
H  H  A  P  O  R  C  Z  G  G  E  S  L  M
```

VODA	MAČKA
KOZA	HRČAK
ŠTENE	GUŠTER
REP	MIŠ
PAS	PAPAGAJ
ZEC	RIBE
OKOVRATNIK	KORNJAČA
KANDŽE	KRAVA
MAČE	VETERINAR

64 - Escalada

```
E K S P E R T T D U F T N D
F R A D O Z N A L O S T P Y
U I U V F N S O A Č H I T L
A F Z Y P K N P U E I P T E
B L K I I Z A Z O V A Z K P
E J B N Č V G M J O T U M M
I A K R P K E N Y D E N F E
P Ć I N E I A M I R F K F
A T M O S F E R A Č E U A M
I I N J H O I B D I N I C A
U S S T A B I L N O S T I P
B S E Z O V I S I N U J G A
R U K A V I C E U P V G U P
P P L A N I N A R E N J E D
```

VISINU
ATMOSFERA
ČIZME
PLANINARENJE
KACIGU
PEĆINE
RADOZNALOST
IZAZOVA
EKSPERT

STABILNOST
USKA
FIZIČKI
SNAGE
VODIČI
RUKAVICE
MAPA
TEREN

65 - Aviões

```
V  P  I  P  R  A  V  C  U  G  Y  И  Y  G
I  A  A  I  V  I  S  I  N  A  F  F  J  M
S  Y  Z  L  S  L  E  T  A  N  J  A  U  R
I  N  K  O  N  S  T  R  U  K  C  I  J  A
N  I  S  T  O  R  I  J  A  Z  O  O  M  V
U  R  V  N  A  D  U  V  A  V  A  J  U  A
V  A  Z  D  U  H  S  T  T  C  C  V  R  N
P  U  T  N  I  K  I  N  M  M  G  D  U  T
O  T  Z  F  B  I  L  E  O  C  O  O  N  U
S  U  U  И  A  A  B  S  I  R  T  O  R
A  N  M  S  A  V  Z  O  F  C  I  I  O  A
D  P  L  K  G  R  A  H  E  T  V  T  E  R
E  Z  P  K  D  И  K  L  R  M  O  P  P  O
V  O  D  O  N  I  K  A  A  B  A  L  O  N
```

VISINU	SILAZAK
VISINA	PRAVCU
VAZDUH	VODONIK
SLETANJA	ISTORIJA
ATMOSFERA	NADUVAVAJU
AVANTURA	MOTOR
BALON	PUTNIK
NEBO	PILOT
GORIVO	POSADE
KONSTRUKCIJA	

66 - Tipos de Cabelo

```
C L B H D O K R D M T Z P K
K A C R A A Y P L E T E N I
C O B O J E N E U K B E O R
S U V A Z V K M И A F E M O
T A N R V D U G O P G I O N
A R P R D C R N A T A N A K
L O K N E Ž K A P L A V A Ć
A R A A O Z A V V B I A T E
S I V A И J U V P R S T E L
A R G Z O A Y Y A A J C Z A
S Y M L E И B A G O A Z H V
T S R E B R O S U N J Z Y Z
A V U C N P L E T E N I C E
J L R O S V G L P T A R V L
```

BEO	DUGO
SJAJNA	BRAON
LOKNE	TALASASTA
ĆELAV	SREBRO
SIVA	CRNA
OBOJENE	ZDRAV
KOVRDŽAVA	SUVA
TANAK	MEKA
DEBEO	PLETENI
PLAVA	PLETENICE

67 - Formas

```
T R O U G A O P L L B R K H
P P V K A S C O C Y T A P I
L D A S T R A N A O I J R P
K G L O V K V A D R A T A E
O T N P I R A M I D E M V R
C L E O U G A O L U H D O B
K C I L I N D A R И J И U O
A A P I U Y J P J Z R I G L
P S A G E K T R T G D S A A
R F U O A C Z K K L Y S O J
I E P N F J K R P L P V N E
Z R P A P H R I L N I L I G
M I O F G O U V G H T P K B
E L I P S E G E N P Y J I И
```

LUK
UGAO
CILINDAR
KRUG
KLIP
KOCKA
KRIVE
ELIPSE
SFERI
HIPERBOLA

STRANA
RED
OVALNE
PIRAMIDE
POLIGONA
PRIZME
KVADRAT
PRAVOUGAONIK
TROUGAO

68 - Dias e Meses

```
U A V T S G O D I N A N A T
I A N N E D E L J A P R I L
J Z L P P O N E D E L J A K
R U J A T S P H D B J S V P
H N N E E U M G E Z A R G Č
N O V E M B A R C T N E U E
O T O T B O F T E B U D S T
Y K L Z A T U E M H A A T V
S U T O R A K O B И R F B R
T Y G O E L J E A R Y M G T
P L P A B R U L R H U E M A
M E S E C A L Y A N N A T K
P E T A K Y R D C A U N R K
B F N K A L E N D A R O T Z
```

APRIL   MESECA
AVGUST   NOVEMBAR
GODINA   OKTOBAR
KALENDAR   SREDA
DECEMBAR   ČETVRTAK
SUBOTA   PONEDELJAK
FEBRUAR   NEDELJA
JANUAR   SEPTEMBAR
JUL   PETAK
JUN   UTORAK

69 - Geografia

```
Z A P A D И F A V P K P H M
E K V A T O R E G I O N A O
M O S T R V O B M Z S B K R
L T E R I T O R I J E I O E
J C A K K G P C J И V O N K
U N H Y F O Z L U L E P T U
I И A H H F N U G C R V I Z
P I C Z B O R R D U A P N И
S L G R A D J E K G P T E V
C H A T L A S S K K S P N J
U C V N M A P A N E V S T E
N H E M I S F E R E E A D U
O K E A N N P E M M T Z C H
H L A S B M E R I D I J A N
```

VISINU   PLANINE
ATLAS   SVET
GRAD   SEVER
KONTINENT   OKEAN
EKVATOR   ZAPAD
HEMISFERE   ZEMLJU
OSTRVO   REGIONA
MAPA   REKE
MORE   JUG
MERIDIJAN   TERITORIJE

70 - Antártica

```
L Y G E O G R A F I J E T T
O I O M K Č L E D P Y M O V
U G H L O S U J F C Z R P V
И L K F V V P V F C B R O Y
K P F E B A H E A K P D G H
O S T R V A R E D N I G R O
N U C M I G R A C I J E A K
T P I N G V I N I P C E F R
I P O L U O S T R V O I I U
N N A U Č N E P R O K I J Ž
E G L E Č E R A A D M D E E
N B A R M I N E R A L A D N
T E M P E R A T U R A D M J
K J I S T R A Ž I V A Č Z U
```

OKRUŽENJU	GEOGRAFIJE
VODA	OSTRVA
BEJ	ISTRAŽIVAČ
NAUČNE	MIGRACIJE
OČUVANJE	MINERALA
KONTINENT	POLUOSTRVO
KOV	PINGVINI
EKSPEDICIJE	ROKI
GLEČERA	TEMPERATURA
LED	TOPOGRAFIJE

71 - Flores

```
M R S S C A C U V N M H I T
A D U K E P L U M E R I J A
G E N Ž M L O C K Y N B B L
N T C M A S L A Č A K I O A
O E O R H I D E J A O S Ž L
L L K G B D Z L L E M K U A
I I R J A S M I N C A U R N
J N E J C R S L J A K S M B
E A T M D N D I M K A B Y B
Z A V P A E S E B U K E T И
L A T I C A J N N U D B I D
U G O E P P P Z H I Z H U K
J O R G O V A N I T J U N A
L A V A N D E R A M M A D K
```

BUKET
MASLAČAK
GARDENIJA
SUNCOKRET
HIBISKUS
JASMIN
LAVANDE
JORGOVAN
LILI
MAGNOLIJE

DEJZI
ORHIDEJA
MAKA
BOŽUR
LATICA
PLUMERIJA
RUŽA
DETELINA
LALA

72 - Fazenda #1

```
P  I  L  E  V  И  M  O  P  G  K  И  A  P
K  O  Z  A  C  L  F  V  G  Č  T  E  L  E
O  P  L  Z  T  F  I  R  A  R  E  U  K  C
N  T  A  J  A  T  O  A  I  V  A  L  S  H
J  C  O  V  O  N  G  N  K  V  O  D  A  M
V  H  L  P  F  P  И  A  P  G  S  F  E  A
R  J  C  J  A  D  R  P  O  L  J  E  P  Č
P  A  S  Y  D  P  Y  I  S  E  N  O  H  K
Đ  U  B  R  I  V  A  R  V  E  N  F  I  A
M  A  G  A  R  A  C  I  I  R  P  O  K  F
K  R  A  V  A  N  L  N  N  M  E  D  P  D
V  D  Z  P  J  T  M  A  J  J  R  D  M  R
U  J  Y  H  I  И  S  Č  A  L  D  V  E  P
P  P  G  B  Z  I  B  L  L  Y  R  T  N  P
```

PČELA	OGRADE
POLJOPRIVREDE	VRANA
PIRINAČ	SENO
VODA	ĐUBRIVA
TELE	PILE
MAGARAC	MAČKA
KOZA	MED
POLJE	SVINJA
KONJ	JATO
PAS	KRAVA

73 - Livros

```
Č K A D A N D V O J N O S T
A I Y A E A U T O R D Z Z M
M I T T R R G P E S M A T C
D N I A A A K O N T E K S T
V V K N Č T T R A G I Č N E
K E N C U O T I P P R I Č A
O N P A U R M L A O K P S И
L T Z V P E A K M E P S K E
E I B A R I A H T Z V U A M
K V Y N Z J S E R I J A И P
C N S T R A N A E J N S H Y
I I K U S C N C N E M K T M
J N S R O M A N O I A H R F
A C И A K N J I Ž E V N E A
```

AUTOR	ČITAČ
AVANTURA	KNJIŽEVNE
KOLEKCIJA	NARATOR
KONTEKST	STRANA
DVOJNOST	PESMA
NAPISAN	POEZIJE
EPSKE	ROMAN
PRIČA	SERIJA
INVENTIVNI	TRAGIČNE

74 - Chocolate

```
G B K V A L I T E T O S Š F
O K O I A S G B G S I A E И
R L K J K P O A R L J S Ć V
K T O S J I A N L A K T E P
A D S A B I R T M T A O R V
R E C E P T O I J K K J A Y
U K U S N O M O K O A A O Z
И A G D H Z E K P I O K M A
P R A H O U Y S Z S U H I N
A A E G Z O T I Č N E S L A
И M I R A U M D M P N I J T
K E Y K K K E A I S E O E S
O L A Y U U I N F I I E N K
N F T H Z S U S D F A H I I
```

ŠEĆERA
GORKA
KIKIRIKI
ANTIOKSIDANS
AROME
ZANATSKI
KAKAO
KARAMEL
KOKOS

UKUSNO
SLATKO
EGZOTIČNE
OMILJENI
UKUS
SASTOJAK
PRAH
KVALITET
RECEPT

75 - Profissões #2

```
N  P  D  F  O  T  O  G  R  A  F  F  L  H
B  I  O  L  O  G  И  A  Z  U  B  A  R  I
I  L  U  S  T  R  A  T  O  R  U  R  S  R
B  F  I  L  O  Z  O  F  M  G  B  M  L  U
L  A  S  T  R  O  N  A  U  T  A  E  I  R
I  E  U  N  O  V  I  N  A  R  D  R  K  G
O  Z  K  Č  I  S  T  R  A  Ž  I  V  A  Č
T  N  O  A  I  P  A  G  L  F  N  J  R  C
E  U  O  O  R  T  M  O  И  T  Ž  N  D  V
K  N  O  R  L  A  E  И  Y  B  E  J  O  R
A  И  T  M  F  O  M  L  G  V  N  Y  A  L
R  P  A  S  C  A  G  Z  J  J  J  И  I  H
P  R  O  N  A  L  A  Z  A  Č  E  R  D  M
P  I  L  O  T  L  I  P  I  D  R  M  R  P
```

FARMER	ILUSTRATOR
ASTRONAUTA	PRONALAZAČ
BIBLIOTEKAR	ISTRAŽIVAČ
BIOLOG	NOVINAR
HIRURG	LEKAR
ZUBAR	PILOT
INŽENJER	SLIKAR
FILOZOF	UČITELJ
FOTOGRAF	ZOOLOG

76 - Fazenda #2

```
P  J  U  H  Ž  M  L  E  K  A  F  K  I  J
V  Š  A  U  I  I  Y  F  P  P  A  U  Ͷ  L
P  J  E  G  P  O  V  R  Ć  A  R  K  C  O
L  E  O  N  N  B  C  O  G  S  M  U  C  V
V  O  Ć  E  I  J  H  U  T  T  E  R  T  C
R  M  G  C  S  C  E  B  Y  I  R  U  Y  E
K  T  U  A  A  T  E  T  L  R  N  Z  Z  P
P  L  L  L  I  V  A  D  A  L  J  J  R  E
V  O  Ć  N  J  A  K  Ͷ  M  E  I  E  E  P
T  R  A  K  T  O  R  E  E  H  D  Č  L  A
K  O  Š  N  I  C  A  M  B  A  R  A  E  T
R  Z  Y  A  E  M  U  J  Z  T  E  M  M  K
N  A  V  O  D  N  J  A  V  A  N  J  E  A
P  D  Y  M  K  L  R  V  Z  Ͷ  U  O  O  V
```

FARMER	ZRELE
ŽIVOTINJE	KUKURUZ
AMBAR	OVCE
JEČAM	PASTIR
KOŠNICA	PATKA
JAGNJE	VOĆNJAK
VOĆE	LIVADA
NAVODNJAVANJE	TRAKTOR
MLEKA	PŠENICE
LAME	POVRĆA

77 - Jardim

```
G F E D U K J O F M A P T T
Y V F И S O P A K N N H Y E
U U E E A G R C И И V P P R
F A A K T R E M V D R V O A
R L Z G R A B L J E Y U Y S
R B V E A D R O G J T И T A
Z J I Z M E B P Z E M L J A
C A S V P M P A B H F И I T
C R E V O Y P T A N A И S M
G Z Ć A L Ć R A Š U M I A N
I R A J I A N P T R A V A P
K A M N N C D J A Z E I N A
J E Z E R U F G A R A Ž A Z
T R A V N J A K F K L U P A
```

GRABLJE	JEZERU
GRM	VISEĆA
DRVO	CREVO
KLUPA	LOPATA
OGRADE	VOĆNJAK
CVET	ZEMLJA
GARAŽA	TERASA
TRAVA	TRAMPOLIN
TRAVNJAK	TREM
BAŠTA	VAJN

78 - Oceano

```
S U N Đ E R J S D G O Y R V
O K O R N J A Č A R I B E T
K U Š S P H N Z D L V H F C
I M A K Č L V B L P J O Y F
T E L P A K I G G R E B E N
U D G O M M O M И C G O G L
N U E P A Z P R E M U T T L
A Z J J C H L I A O L N K K
F A K R A B A V P L J I O L
D C J И M A J K U L A C L U
D E L F I N C H M F Y E U И
O O O S T R I G A M S K J F
R D V B A C P P G M Z Y A V
L A T B K P C O D F R C C R
```

ALGE	PLIME
TUNA	MEDUZA
KIT	OSTRIGA
ČAMAC	RIBE
ŠKAMPI	HOBOTNICE
KRABA	GREBEN
KORAL	SO
JEGULJA	KORNJAČA
SUNĐER	OLUJA
DELFIN	AJKULA

79 - Profissões #1

```
L I S B A B F A K P M K P V
M O E J A A U S R S P N C A
P D V F E N R T N I R B I T
M D B A F K E R P H A I Z R
T R A I C A D O H O Y P A O
M U U T G R N N M L R I M G
S E S T R A I O Z O K J B A
M E V S O Y K M L G R A A S
P L E S A Č I C A I O N S A
U M E T N I K A T O J I A C
N Y H A D V O K A T A S D R
N A U Č N I K A R H Č T O E
J U M A P G E O L O G A R M
K A R T O G R A F Y Y A Y T
```

ADVOKAT	PLESAČICA
KROJAČ	UREDNIK
UMETNIK	AMBASADOR
ASTRONOM	SESTRA
BANKAR	GEOLOG
VATROGASAC	ZLATAR
LOVAC	MORNAR
KARTOGRAF	PIJANISTA
NAUČNIK	PSIHOLOG

80 - Campeonato

```
I  Z  D  R  Ž  L  J  I  V  O  S  T  I  M
S  G  P  R  V  A  K  H  H  P  M  P  T  O
I  U  R  B  N  E  D  V  M  A  P  R  U  T
R  S  D  E  R  A  P  T  P  F  U  V  R  I
O  A  F  I  N  A  L  I  S  T  A  E  N  V
M  И  J  T  J  S  I  O  O  I  T  N  I  A
M  A  P  N  U  A  G  T  E  M  И  S  R  C
N  A  S  T  U  P  A  B  J  G  C  T  L  I
T  D  S  R  J  R  C  A  P  J  D  V  I  J
S  B  M  E  D  A  L  J  A  A  A  O  S  A
V  P  I  N  S  T  R  A  T  E  G  I  J  U
I  E  O  E  Y  N  P  O  B  E  D  A  U  J
I  K  C  И  P  N  F  M  K  E  E  N  N
T  U  H  E  T  O  F  Y  M  O  G  F  K  V
```

PRVAK	SUDIJA
PRVENSTVO	LIGA
NASTUP	MEDALJA
TIM	MOTIVACIJA
SPORT	IZDRŽLJIVOSTI
STRATEGIJU	TURNIR
FINALISTA	TRENER
IGRE	POBEDA

81 - Castelos

```
D P R I N C E Z A K R U N U
I R K A T A P U L T O K U K
N I E D G Z L R A G T N И R
A N N S K L E C E T V V J A
S C M A F Z M A J A R I P L
T F F L G S E R P A Đ A S J
I V E A Z S N S Z Y A K M E
J P J U I V I T E Z V U N V
E P P O D M T V Š F A L S S
M D I I D A I A T B D A C T
A B Y P D Č L I I A O T A V
B B A M F K Z N T F C P F O
P D И O K L O P O B R O A I
P A L A T A J E D N O R O G
```

OKLOP
KATAPULT
VITEZ
KONJ
KRUNU
DINASTIJE
ZMAJ
ŠTIT
MAČ
FEUDALNO

TVRĐAVA
CARSTVA
PLEMENITI
PALATA
ZID
PRINCEZA
PRINC
KRALJEVSTVO
KULA
JEDNOROG

82 - Escola # 2

```
B E R И L L F Y M R U A G M
T I A E G C T R A A Č K G A
J U N A Č V L A K Č I T C T
L Č I T A N J E A U T I T E
Z A L I H E I V Z N E V K M
O L O V K A P K E A L N A A
G R A M A T I K E R J O L T
U A K A D E M S K E I S E I
B I B L I O T E K E G T N K
Z E H S G G M D R P R I D E
U A U T V C C S P A E Z A B
P E T M G V K R K P A E R B
N A U K E P K N J I G E Y B
U N M I R A N A C R R V P P
```

AKADEMSKE   OLOVKA
AKTIVNOSTI   ČITANJE
BIBLIOTEKE   KNJIGE
KALENDAR   MATEMATIKE
NAUKE   RANAC
RAČUNAR   PAPIR
REČNIK   UČITELJ
GRAMATIKE   ZALIHE
IGRE   MAKAZE

83 - Abelhas

```
S G G K B A G I N S E K T R
T B G N I F I N I A A R L A
A A E Y L V O S A K N I Z Z
N N Y H J P N F A H H L C N
I J D E K O Š N I C E A G O
Š O H F E K R A L J I C A L
T И K O R I S T A N Y V D I
E B A Š T A M S U N C E M K
P O L E N U T E B F O T H O
C V E Ć E R A P D И Z A N S
Z A U C T V O Ć E I H Y B T
H P P F L U P J F U M O L A
Z N Z E K O S I S T E M C O
N P Y A R P O J E Y D Z K G
```

KRILA
KORISTAN
VOSAK
KOŠNICE
RAZNOLIKOST
EKOSISTEM
ROJ
CVET
CVEĆE
VOĆE

DIM
STANIŠTE
INSEKT
BAŠTA
MED
BILJKE
POLEN
KRALJICA
SUNCE

84 - Banheiro

```
L D E Š K G A D F P И R M И
O D V A Z U O G L E D A L O
S R B M P M P P S Š G D Y A
I U J P S L K K L K P H A H
O Z T O A L E T A I V P G Z
N G U N P R B K V R F O I C
A E J D U T E P I H V M D P
A T S U N Đ E R N G И E N A
M A K A Z E E P A S I H D R
F O E B H T U Š A Z R U M F
M L A H Y C S N Z И Y R L E
M U J T H V T G T J M I P M
P A P B V S C R P K P Ć B P
O F T Y O E J O I E Z A K R
```

VODA	PARFEM
TOALET	SAPUN
KUPKA	TEPIH
MEHURIĆA	MAKAZE
TUŠ	PEŠKIR
OGLEDALO	SLAVINA
SUNĐER	PARE
LOSION	ŠAMPON

85 - Ciência

```
P O N F N A U Č N I K И B S
L O R O V M I N E R A L A T
A M S G T G I F O S I L H V
B O G M A D P O D A T A K A
O L R B A N R P I Y S I A R
R E A I L T I И J I F B C I
A K V L U P R Z K L I M A E
T U I J M H O A M R Z Z D C
O L T K P D D L N A I D P O
R A A E C G A A A J K T G F
I H C M E T O D U N E Z G A
J N I E V O L U C I J E G N
A Y J O F B Z C L F A T O M
C D E H I P O T E Z E J И V
```

ATOM
NAUČNIK
KLIMA
PODATAKA
EVOLUCIJE
STVARI
FIZIKE
FOSIL
GRAVITACIJE
HIPOTEZE

LABORATORIJA
METOD
MINERALA
MOLEKULA
PRIRODA
POSMATRANJE
ORGANIZMA
ČESTICE
BILJKE

86 - Cores

```
C  Ž  U  T  F  S  B  L  U  R  R  P  U  E
R  B  I  H  F  U  H  O  O  L  G  O  F  Y
N  R  B  A  B  Y  C  I  J  J  P  M  Z  B
A  A  S  P  L  E  C  H  M  U  Y  O  F  E
И  O  F  Z  L  И  M  E  S  B  P  R  G  O
T  N  U  V  G  C  Y  O  E  I  L  A  Z  N
J  O  J  Z  O  C  F  S  P  Č  A  N  И  O
S  M  Y  E  C  S  D  H  I  A  V  D  P  A
P  R  F  L  I  T  Y  B  J  S  A  Ž  V  P
R  N  A  E  J  C  S  B  A  T  B  A  P  T
K  N  P  N  A  K  I  Z  E  A  Z  K  A  N
D  B  A  T  N  F  V  H  K  Ž  M  U  C  P
F  F  T  Z  G  M  A  G  E  N  T  A  N  И
M  L  M  T  D  C  R  V  E  N  A  Y  N  И
```

ŽUT	MAGENTA
PLAVA	BRAON
BEŽ	CRNA
BEO	ROZE
CIJAN	LJUBIČASTA
SIVA	SEPIJA
FUCHSIA	ZELEN
POMORANDŽA	CRVENA

87 - Comida #1

```
S  K  J  E  Č  A  M  I  L  L  U  K  Š  K
P  A  I  L  B  D  A  S  C  I  G  I  E  A
A  O  L  K  R  E  P  A  P  M  D  S  Ć  J
N  H  S  A  I  Z  Y  M  J  U  B  U  E  S
A  P  S  M  T  R  A  L  Z  N  G  P  R  I
Ć  E  U  C  V  A  I  E  T  I  A  A  J
L  J  L  S  B  S  L  K  T  U  N  A  T  E
B  A  Y  I  T  O  P  A  I  U  N  Z  G  D
E  G  A  N  O  K  S  O  O  D  R  O  P  B
C  O  L  A  R  A  C  I  M  E  T  N  S  R
G  D  C  A  T  I  B  E  L  I  L  U  K  J
Š  A  R  G  A  R  E  P  A  J  T  Z  F  J
M  Z  E  A  L  R  Z  Y  P  A  A  D  P  P
N  G  Y  V  A  Z  A  K  G  D  H  K  N  T
```

ŠEĆERA	SPANAĆ
BELI LUK	MLEKA
KIKIRIKI	LIMUN
TUNA	BOSILJAK
TORTA	JAGODA
CIMET	REPA
LUK	SO
ŠARGAREPA	SALATA
JEČAM	SUPA
KAJSIJE	SOK

88 - Pássaros

```
K U K A V I C A T V I T J K
G D D V O P K T V R O D A A
K Z U H E R O N A A P T J P
N K H N A M C E I P I L E E
I G A V O K I A P C N A B L
S V B Y Z J N G D A G N U I
P O P O R N A G P C V R I K
F L A M I N G O A O I T F A
S T U K A N U L T L N N L N
V L N L N V S U K A E A A I
K R T Y E C K B A B R B S L
G J A D P U A F N U P L A S
G Y U N O R A O N D H A A A
P A A E A P A P A G A J G N
```

NOJA
ORAO
RODA
LABUD
VRANA
KUKAVICA
FLAMINGO
PILE
GALEB
GUSKA

HERON
JAJE
PAPAGAJ
VRAPCA
PATKA
PAUN
PELIKAN
PINGVIN
GOLUB
TUKAN

89 - Virtudes #1

```
M И S Z Š K O R I S N O G E
U N T K A K Y N A O K O G T
D D R R R U H S D B Y I L D
A O A A M O S C C P N N Z A
R B S D A U M E T N I Č K E
И R T O N A P A C I J E N T
E O V Z T E L M N S Č P B H
F I E N A P R A K T I Č N E
I B N A N E Z A V I S N A L
K P I O T K R T E A T И A F
A O D L U Č U J U Ć I L A M
S I N T E L I G E N T A N H
A P V E L I K O D U Š A N D
N J T D A E S M E Š N O N V
```

STRASTVENI   NEZAVISNA
UMETNIČKE   INTELIGENTAN
DOBRO   ČIST
RADOZNAO   SKROMAN
ODLUČUJUĆI   PACIJENT
EFIKASAN   PRAKTIČNE
ŠARMANTAN   MUDAR
SMEŠNO   KORISNO
VELIKODUŠAN

90 - Literatura

```
B D Y A F N O Y T R J I P F
M I Š L J E N J E I P J E I
C J O P I S P F T M E A S K
P A M G C O S J И E И D M C
O L E E R O M A N N O Y A I
R O T Z Z A K L J U Č A K J
E G A Y P N F S R M U G G A
Đ Z F R И E D I T I E K E K
E S O R Z G P M J I T Y И J
N S R P M D T A I A L A T F
J A A U T O R D N И O A M K
E K F T B T E M A P T I C N
A H B N N A R A T O R P И P
A N A L I Z A A D R K P J Z
```

ANALIZA
ANEGDOTA
AUTOR
BIOGRAFIJA
POREĐENJE
ZAKLJUČAK
OPIS
DIJALOG
STIL

FIKCIJA
METAFORA
NARATOR
MIŠLJENJE
PESMA
RIME
RITAM
ROMAN
TEMA

91 - Clima

```
P  M  I  T  E  M  P  E  R  A  T  U  R  A
O  O  A  V  L  Y  O  M  T  Y  O  U  U  A
L  O  V  G  M  I  B  O  R  L  R  K  R  T
A  F  N  E  L  S  L  N  O  E  N  S  A  M
R  R  Y  И  T  A  A  S  P  D  A  I  G  O
N  S  U  Š  E  A  K  U  S  R  D  O  A  S
I  M  U  N  J  E  R  N  K  O  O  L  N  F
N  G  F  T  I  J  R  A  E  L  N  U  C  E
K  P  F  F  D  E  I  I  C  D  C  J  K  R
G  R  M  L  J  A  V  I  N  A  F  A  L  A
S  T  I  L  S  L  U  И  N  P  И  S  I  V
A  A  R  R  U  J  R  F  Z  E  O  D  M  I
P  A  P  R  V  E  T  A  R  Z  B  B  A  K
F  U  E  D  A  Z  D  U  G  A  Y  O  Z  G
```

DUGA

ATMOSFERA

POVETARAC

NEBO

KLIMA

URAGAN

LED

MONSUN

MAGLA

OBLAK

POLARNI

MUNJE

SUŠE

SUVA

TEMPERATURA

OLUJA

TORNADO

TROPSKE

GRMLJAVINA

VETAR

92 - Tecnologia

```
D T I S T A T I S T I K A O
A Z V K J R P O D A T A K A
V G I P M C A C L E A M S I
A P R P R R M Č E N Z E I S
D A T O T E K A U K O R G T
I I U R B G S I N R A U R
G N E U L L P L I G A A R A
I T L K O V K K E J Z R N Ž
T E N A G P E M I D И P O I
A R I J K U R S O R A H S V
L N J R S O F T V E R Č T A
N E P H P R B A J T O V A N
I T H V I R U S S P F I J
I И R A И P T S Z E S U P E
```

DATOTEKA
BLOG
BAJTOVA
KAMERA
RAČUNAR
KURSORA
PODATAKA
DIGITALNI
STATISTIKA

INTERNET
PORUKA
PREGLEDAČ
ISTRAŽIVANJE
SIGURNOST
SOFTVER
EKRAN
VIRTUELNI
VIRUS

93 - Arte

```
K  I  N  S  P  I  R  I  S  A  N  E  S  Y
O  O  B  И  C  N  P  O  E  Z  I  J  E  Y
R  M  M  T  D  A  S  I  M  B  O  L  R  V
I  J  S  P  H  D  V  I  Z  U  E  L  N  I
G  E  L  K  L  R  Y  Y  S  T  N  J  V  L
I  D  I  F  S  E  S  T  V  O  R  I  T  I
N  N  K  P  T  A  K  P  O  R  T  R  E  T
A  O  E  L  И  L  U  S  I  G  L  N  D  L
L  S  И  C  P  I  L  E  A  Z  O  И  И  I
N  T  E  M  A  Z  P  V  C  S  R  N  U  Č
E  A  J  P  V  A  T  K  S  N  T  A  A  N
O  V  L  I  Z  M  U  F  И  L  G  A  Z  I
D  A  F  I  S  K  R  E  N  N  K  U  V  Z
R  N  C  M  A  K  E  R  A  M  I  Č  K  E
```

KERAMIČKE	LIČNI
KOMPLEKS	SLIKE
SASTAV	POEZIJE
STVORITI	PORTRET
SKULPTURE	JEDNOSTAVAN
IZRAZ	SIMBOL
ISKREN	TEMA
INSPIRISAN	NADREALIZAM
ORIGINALNE	VIZUELNI

94 - Dinossauros

```
S V E J E D Z G M O Ć A N N
P E M R E P E O S A D V O E
R L V K F B M G M A M O R S
A I S R O P L R Z V D U C T
I K B I S T J O E K O U T A
S A P L I T E M U P D A Z N
T I V A L G E N F P T F P A
O L D J A U P E T M A I S K
R E V O L U C I J E E I L Z
I A P P D C P K R P O A Y L
J P B L A V F R V M R T L O
S B M E S O J E D A Z S K B
K D A N V E L I Č I N A F N
I S E Z B B I L J O J E D A
```

KRILA
MESOJED
REP
NESTANAK
OGROMNE
VRSTE
EVOLUCIJE
FOSILA
VELIKA
BILJOJED

MAMUT
SVEJED
MOĆAN
PLEN
PRAISTORIJSKI
REPTIL
VELIČINA
ZEMLJE
ZLOBNA

95 - Esportes

```
Z  P  O  P  K  M  L  B  E  A  I  F  И  K
L  K  P  A  E  S  U  D  I  J  A  G  P  O
B  И  P  K  S  M  E  I  C  C  D  T  R  Š
E  P  O  B  E  D  N  I  K  Y  I  D  A  A
J  P  U  Y  S  Y  H  O  K  E  J  K  K  R
Z  O  P  P  P  P  A  Y  A  Z  D  P  L  K
B  K  D  G  U  J  O  C  F  И  D  R  S  U
O  R  U  A  D  T  V  R  Z  T  I  V  P  N
L  E  G  I  M  N  A  S  T  I  K  E  D  F
P  T  O  G  K  S  T  A  D  I  O  N  P  D
A  E  L  R  A  G  I  L  T  P  S  S  P  Y
L  N  F  A  B  G  M  I  H  E  J  T  Y  P
A  I  A  Č  T  R  E  N  E  R  F  V  A  A
P  S  N  A  F  И  O  И  L  C  H  O  Y  F
```

SPORTISTA	SALI
SUDIJA	GIMNASTIKE
KOŠARKU	GOLF
BEJZBOL	HOKEJ
BICIKL	IGRAČ
PRVENSTVO	IGRA
TIM	POKRET
STADION	TENIS
POBEDNIK	TRENER

96 - Comida # 2

```
J D V Y A O L B S N A K G Č
J H A P R R B P A C K P R O
A N F S T B I I K D H D O K
P Š E N I C E L I D E L Ž O
V U N V Č R A E V Z G M Đ L
Y N B R O K O L I A R V A A
F K K Y K N O Z P Y F B S D
R A N E J D J A B U K A A
L V T G T K T A R L Y F J B
P I R I N A Č J A I U H O A
Y Š J S P E E E D T B G G N
S N S T D R K O A K T E U A
P J K P P C G L J I V A R N
M E A L O P E K Z V V I T E
```

ARTIČOKE	KIVI
BADEM	JABUKA
PIRINAČ	JAJE
BANANE	RIBE
BROKOLI	ŠUNKA
VIŠNJE	SIR
ČOKOLADA	PARADAJZ
GLJIVA	PŠENICE
PILE	GROŽĐA
JOGURT	

97 - Barcos

```
G M I I U P N P R T И H D A
F O O T A L A S A E E M O O
L T Z R H J T K Y E K I K K
A O H T N F H F S S И E A E
B R R G N A U T I Č K I H A
P S C B I Z R T D A Y P D N
T R A J E K T R R B M O R D
J E Z E R O Y E O O P S F T
M K O N O P A C J V L A T V
K A N U A I Y И A A I D E Z
A M L A A V P U H B M E O A
J A R B O L C P T Z E O H J
A O P P C O I И E И T P R S
K J E P V Y S P L A V F U E
```

SIDRO
TRAJEKT
BOVA
KAJAK
KANU
KONOPAC
DOK
JAHTE
SPLAV
JEZERO

MORE
PLIME
MORNAR
JARBOL
MOTOR
NAUTIČKIH
OKEAN
TALASA
REKE
POSADE

98 - Piratas

```
L P A P A G A J L M O A O F
G E B C Z H И L C A S Z R N
A Ć G S I D R O Y P T I P A
A I B E P L A Ž A A R U M T
И N A P N G O K V R V O B T
K E C R B D M O A B O P И U
O A F M J C A V N Z L A T O
P J P E G V Č A T A N A E F
A E A E V V E N U A Y P G K
S C S A T Z K I R B S R A O
N K И O V A N C A L O Š E M
O K E A N J N E K L V V D P
S N H M J C U P O S A D E A
T C O Ž I L J A K L Y B A S
```

AVANTURA	LOŠE
SIDRO	KOVANICE
KOMPAS	OKEAN
KAPETAN	ZLATO
PEĆINE	PAPAGAJ
OŽILJAK	OPASNOST
MAČ	PLAŽA
OSTRVO	RUM
LEGENDA	BLAGO
MAPA	POSADE

99 - Mamíferos

```
G O R I L A V G L N K I T L
S L O N M I A H U M E S L I
A A V U K O J O T A N L I S
P V V G N O P K T J G O P I
Y A A Y P I K N F M U J O C
Y T S M A Č K A Y U R K V A
D E L F I N R A B N M O C H
T T H T P I Y U M I M N E A
U M U D F B R P Ž I K J U D
N Z E B R A E N I И L Z E C
F R L I T R O U R S J E I O
N A И C A S B D A B A R P J
F Z K G M B A F F G G D Y A
P И B C B H C A A A M Z R P
```

KIT	ŽIRAFA
KAMILE	DELFIN
KENGUR	GORILA
DABAR	LAV
KONJ	VUK
PAS	MAJMUN
ZEC	OVCE
KOJOTA	LISICA
SLON	BIK
MAČKA	ZEBRA

100 - Atividades e Lazer

```
S  L  B  F  S  Z  O  I  J  T  E  N  I  S
L  Z  E  U  S  U  R  F  O  V  A  N  J  E
I  T  J  D  P  U  T  O  V  A  T  I  G  E
K  K  Z  B  P  L  I  V  A  N  J  E  O  P
U  A  B  A  R  I  B  O  L  O  V  N  L  И
M  M  O  L  O  J  E  S  P  N  R  K  F  U
Z  P  L  H  O  B  I  J  E  L  P  O  A  M
K  O  Š  A  R  K  U  E  F  B  O  K  S  E
O  V  G  O  D  B  O  J  K  A  A  J  И  T
B  A  Š  T  O  V  A  N  S  T  V  O  O  N
И  И  И  U  P  H  O  G  U  A  F  D  P  O
И  J  R  O  N  J  E  N  J  E  A  E  M  S
C  E  H  O  P  U  Š  T  A  J  U  Ć  E  T
P  L  A  N  I  N  A  R  E  N  J  E  K  K
```

KAMPOVANJE	RONJENJE
UMETNOST	PLIVANJE
KOŠARKU	RIBOLOV
BEJZBOL	SLIKU
BOKS	OPUŠTAJUĆE
PLANINARENJE	SURFOVANJE
FUDBAL	TENIS
GOLF	PUTOVATI
HOBIJE	ODBOJKA
BAŠTOVANSTVO	

1 - Dirigindo

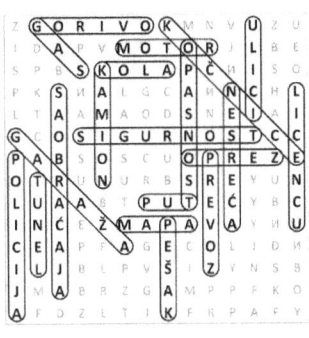

2 - Atividades

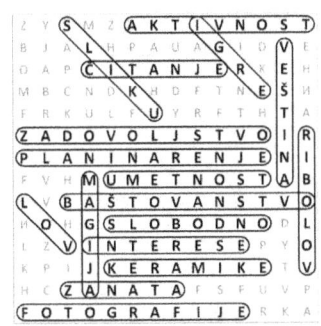

3 - Churrascos

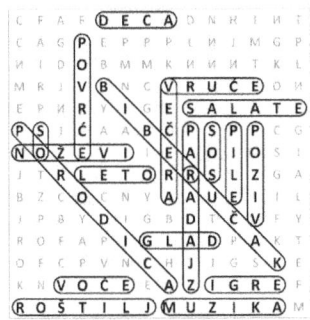

4 - Pesca

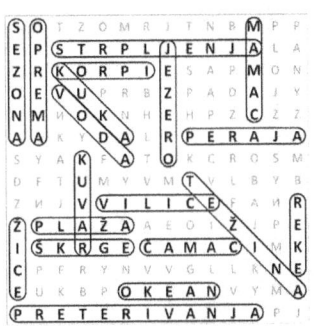

5 - Geologia

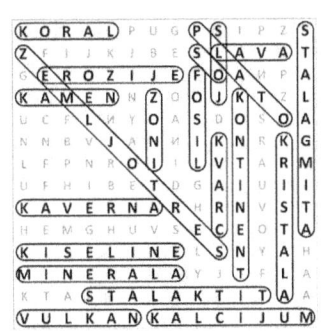

6 - Tempo

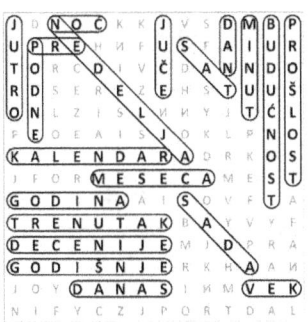

7 - Astronomia

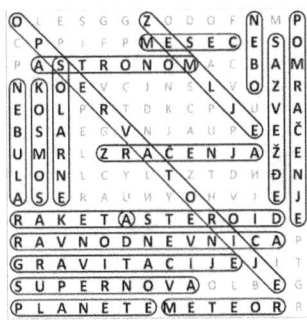

8 - Circo

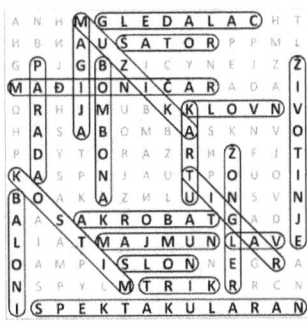

9 - Acampamento

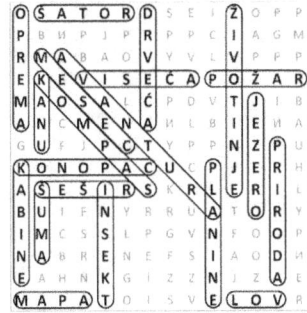

10 - Emoções

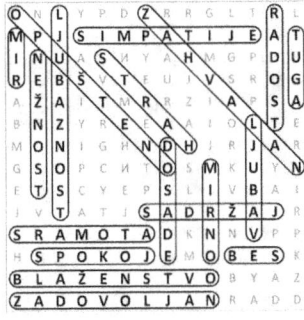

11 - Ficção Científica

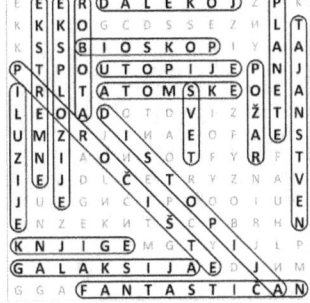

12 - Mitologia

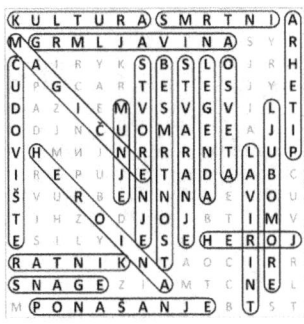

13 - Medições

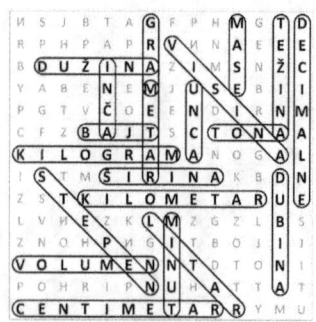

14 - Plantas

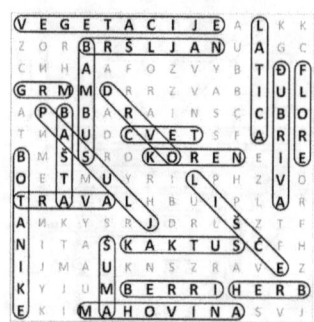

15 - Veículos

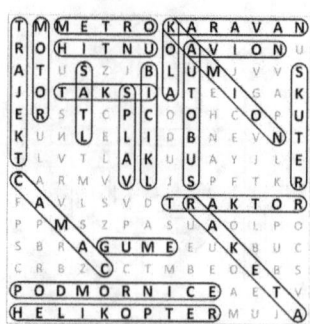

16 - Restaurante # 2

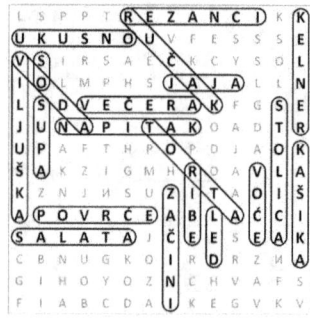

17 - Países #2

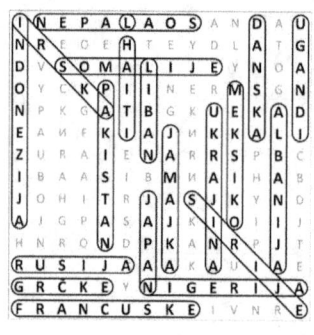

18 - Cozinha

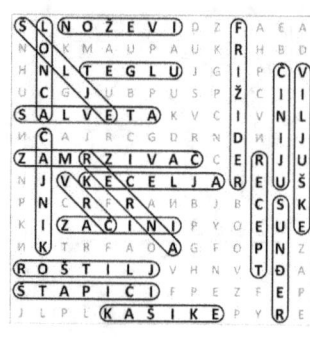

19 - Brinquedos

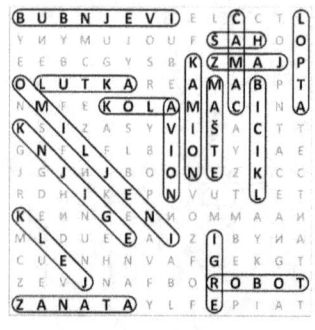

20 - Verão

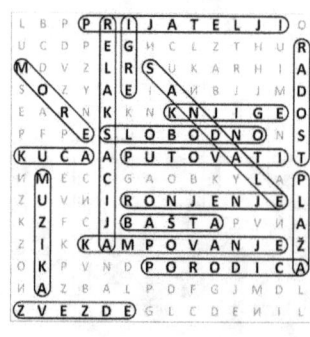

21 - Material de Arte

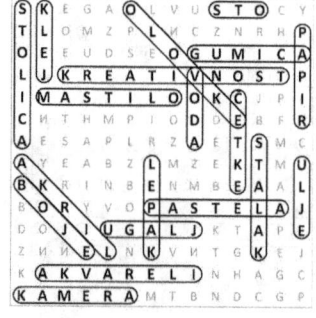

22 - Números

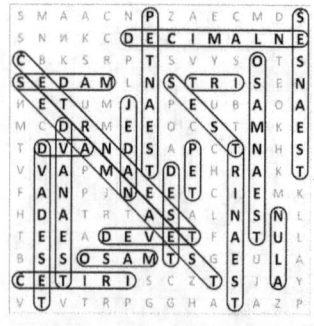

23 - Especiarias

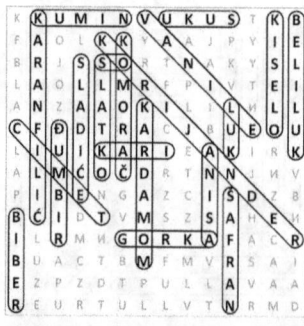

24 - Aniversário

25 - Casa

26 - Vegetais

27 - Exploração

28 - Balé

29 - Conservação

30 - Adjetivos #1

31 - Insetos

32 - Paisagens

33 - Dança

34 - Nutrição

35 - Disciplinas Científicas

36 - Meditação

37 - Gatos

38 - Artes Visuais

39 - Instrumentos Musicais

40 - Escola #1

41 - Adjetivos #2

42 - Roupas

43 - Herbalismo

44 - Férias #1

45 - Frutas

46 - Corpo Humano

47 - Restaurante #1

48 - Caminhada

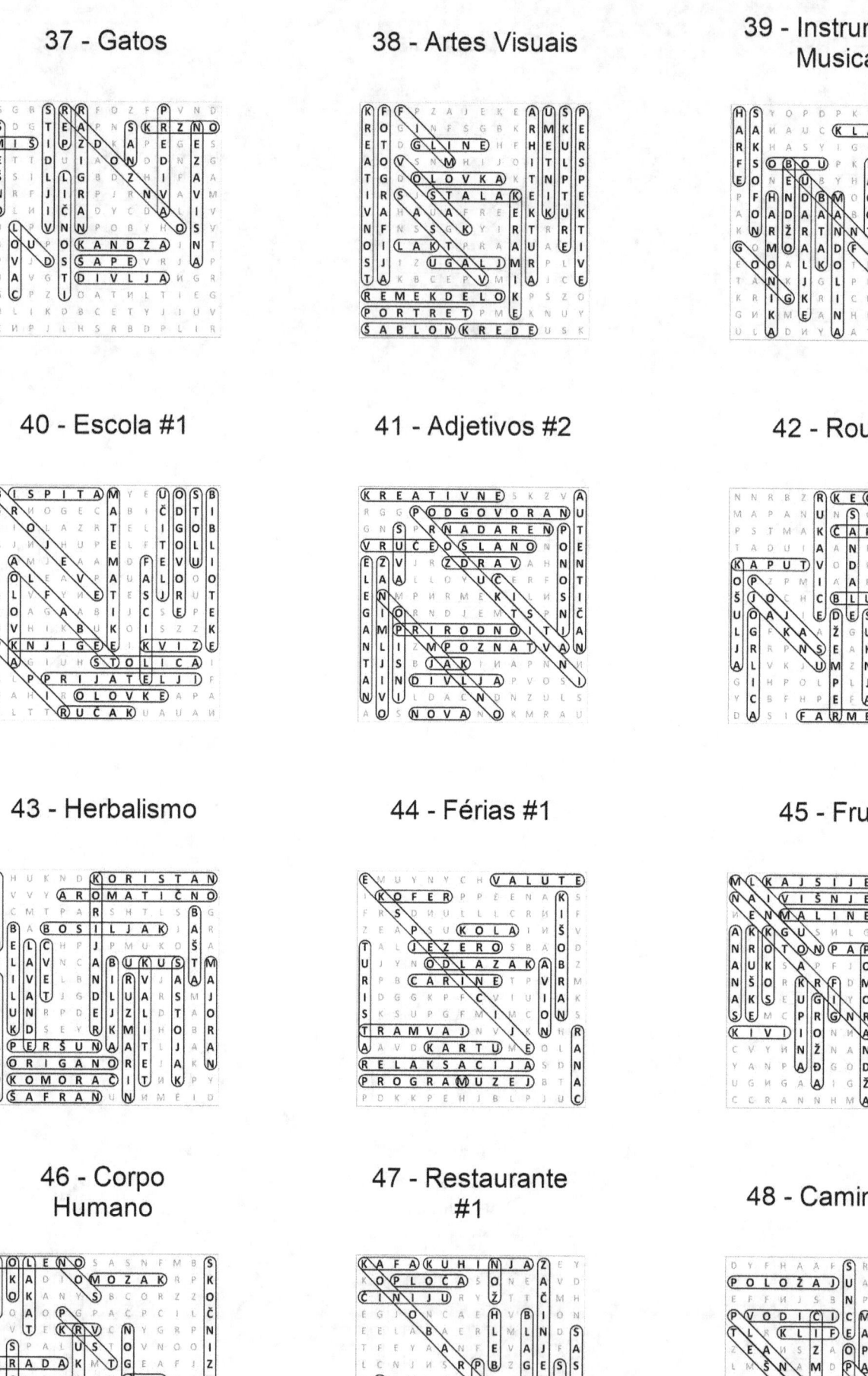

49 - Água

50 - Ecologia

51 - Família

52 - Férias #2

53 - Edifícios

54 - Praia

55 - Xadrez

56 - Aventura

57 - Surf

58 - Floresta Tropical

59 - Cidade

60 - Matemática

61 - Natureza

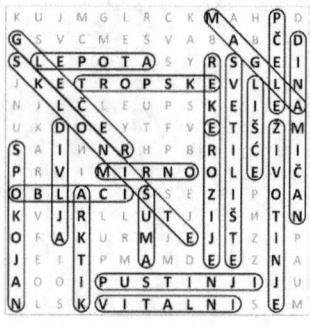

62 - Preencher

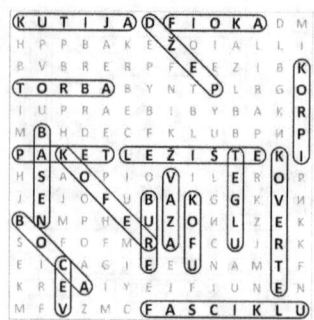

63 - Animais de Estimação

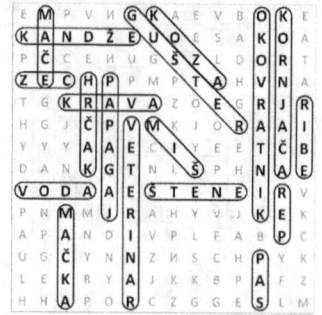

64 - Escalada

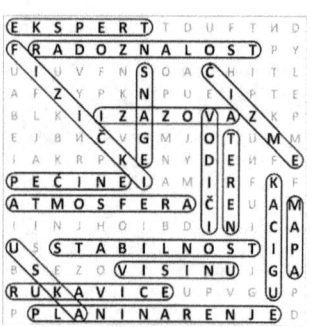

65 - Aviões

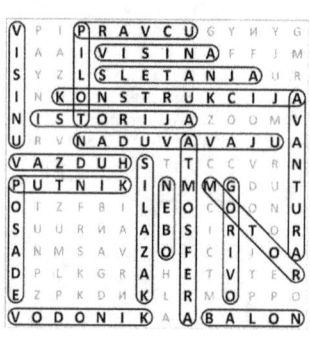

66 - Tipos de Cabelo

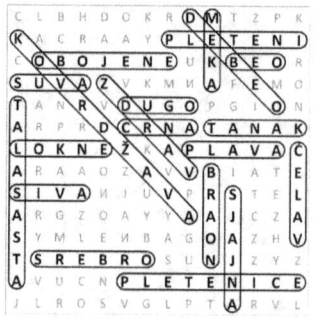

67 - Formas

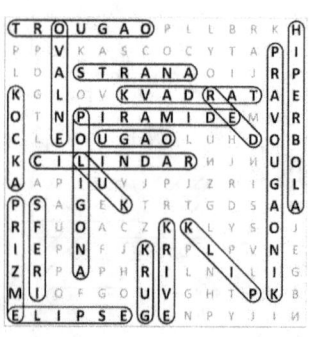

68 - Dias e Meses

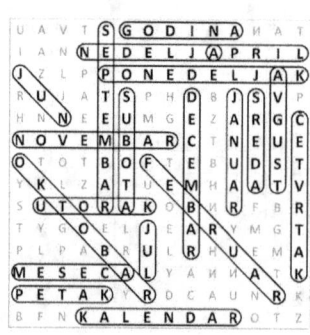

69 - Geografia

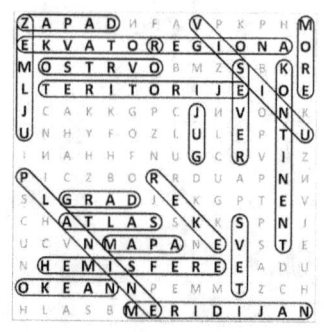

70 - Antártica

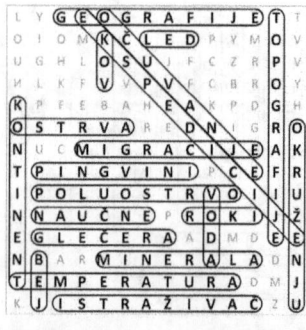

71 - Flores

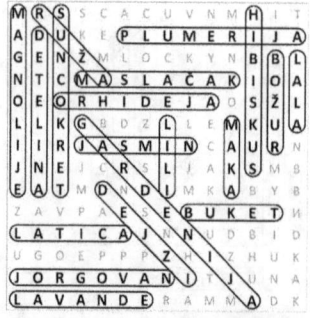

72 - Fazenda #1

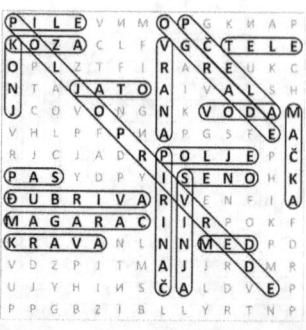

73 - Livros

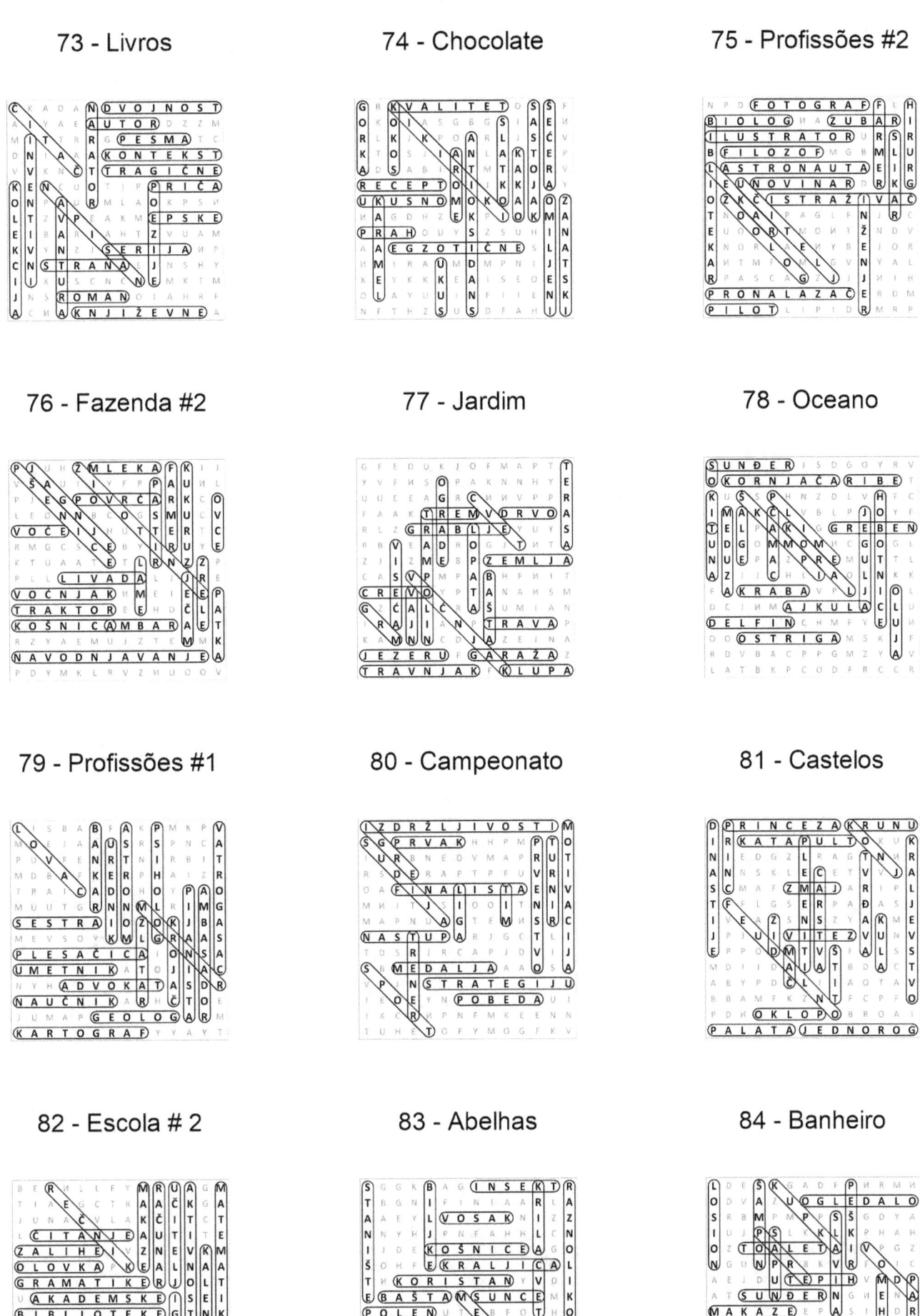

74 - Chocolate

75 - Profissões #2

76 - Fazenda #2

77 - Jardim

78 - Oceano

79 - Profissões #1

80 - Campeonato

81 - Castelos

82 - Escola # 2

83 - Abelhas

84 - Banheiro

85 - Ciência

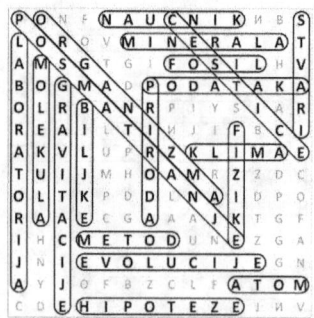

86 - Cores

87 - Comida #1

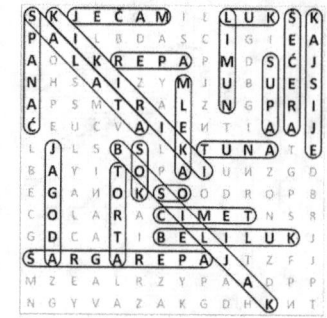

88 - Pássaros

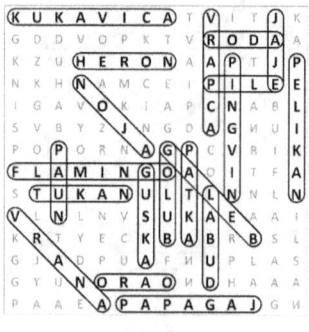

89 - Virtudes #1

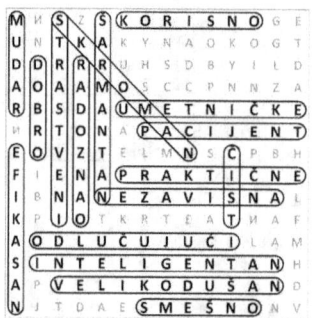

90 - Literatura

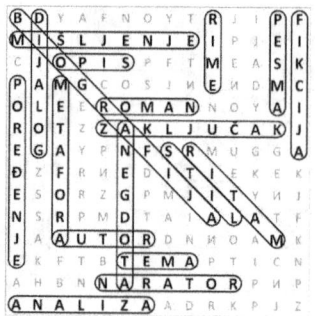

91 - Clima

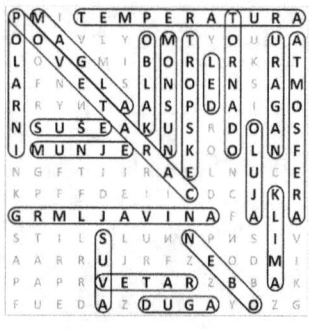

92 - Tecnologia

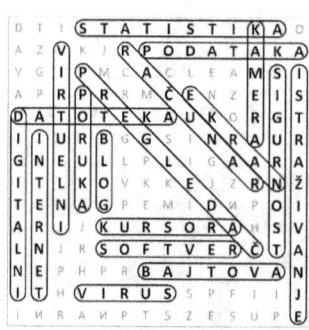

93 - Arte

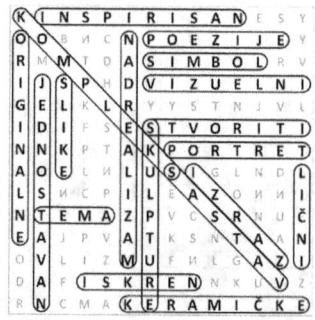

94 - Dinossauros

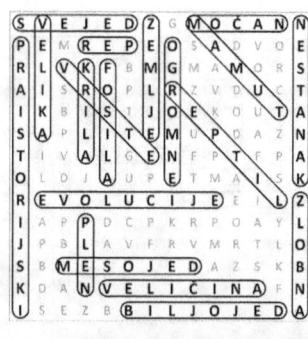

95 - Esportes

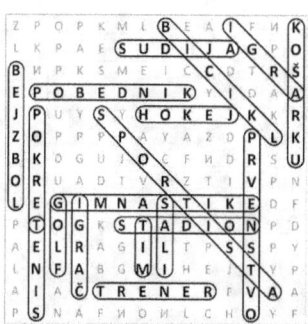

96 - Comida # 2

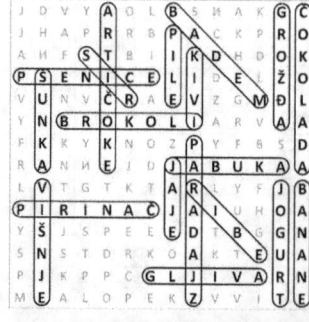

97 - Barcos

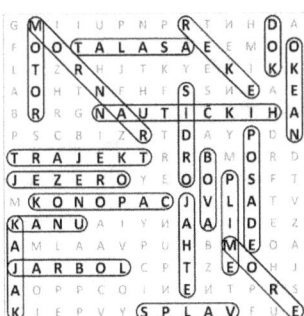

98 - Piratas

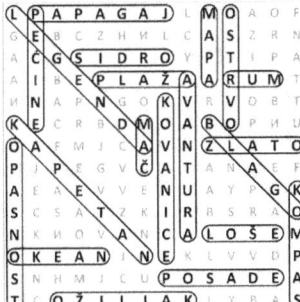

99 - Mamíferos

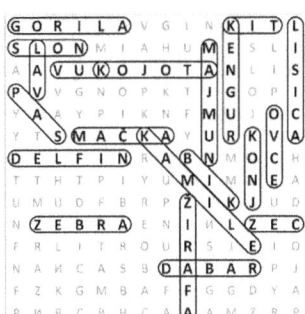

100 - Atividades e Lazer

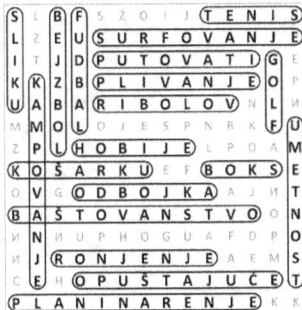

Dicionário

Abelhas
Pčele

Asas	Krila
Benéfico	Koristan
Cera	Vosak
Colmeia	Košnice
Diversidade	Raznolikost
Ecossistema	Ekosistem
Enxame	Roj
Flor	Cvet
Flores	Cveće
Fruta	Voće
Fumaça	Dim
Habitat	Stanište
Inseto	Insekt
Jardim	Bašta
Mel	Med
Plantas	Biljke
Pólen	Polen
Rainha	Kraljica
Sol	Sunce

Acampamento
Kampovanje

Animais	Životinje
Aventura	Avantura
Árvores	Drveća
Bússola	Kompas
Cabine	Kabine
Caça	Lov
Canoa	Kanu
Chapéu	Šešir
Corda	Konopac
Equipamento	Oprema
Floresta	Šuma
Fogo	Požar
Inseto	Insekt
Lago	Jezero
Lua	Mesec
Maca	Viseća
Mapa	Mapa
Montanha	Planine
Natureza	Priroda
Tenda	Šator

Adjetivos #1
Придеви Бр.

Absoluto	Apsolutne
Aromático	Aromatično
Artístico	Umetničke
Atraente	Atraktivne
Enorme	Ogroman
Escuro	Tamno
Exótico	Egzotične
Fino	Tanak
Generoso	Velikodušan
Grande	Velika
Honesto	Iskren
Idêntico	Identičan
Importante	Važno
Lento	Sporo
Misterioso	Tajanstven
Moderno	Moderan
Perfeito	Savršeno
Pesado	Teška
Sério	Ozbiljan
Valioso	Vredne

Adjetivos #2
Придеви Бр.

Autêntico	Autentičan
Criativo	Kreativne
Descritivo	Opisni
Dotado	Nadaren
Elegante	Elegantan
Famoso	Poznat
Forte	Jak
Interessante	Zanimljivo
Natural	Prirodno
Normal	Normalno
Novo	Nova
Orgulhoso	Ponosni
Produtivo	Produktivni
Puro	Čista
Quente	Vruće
Responsável	Odgovoran
Salgado	Slano
Saudável	Zdrav
Seco	Suva
Selvagem	Divlja

Animais de Estimação
Kućni Ljubimci

Água	Voda
Cabra	Koza
Cachorro	Štene
Cauda	Rep
Cão	Pas
Coelho	Zec
Colarinho	Okovratnik
Garras	Kandže
Gatinho	Mače
Gato	Mačka
Hamster	Hrčak
Lagarto	Gušter
Mouse	Miš
Papagaio	Papagaj
Peixe	Ribe
Tartaruga	Kornjača
Vaca	Krava
Veterinário	Veterinar

Aniversário
Rođendan

Alegre	Radosno
Amigos	Prijatelji
Ano	Godina
Bolo	Torta
Calendário	Kalendar
Canção	Pesma
Cartões	Kartice
Celebração	Proslava
Convites	Pozivnice
Dia	Dan
Dom	Poklon
Especial	Posebno
Feliz	Srećan
Jovem	Mlad
Nascer	Rođen
Sabedoria	Mudrost
Tempo	Vreme
Velas	Sveće

Antártica
Антарктика

Ambiente	Okruženju
Água	Voda
Baía	Bej
Científico	Naučne
Conservação	Očuvanje
Continente	Kontinent
Enseada	Kov
Expedição	Ekspedicije
Geleiras	Glečera
Gelo	Led
Geografia	Geografije
Ilhas	Ostrva
Investigador	Istraživač
Migração	Migracije
Minerais	Minerala
Península	Poluostrvo
Pinguins	Pingvini
Rochoso	Roki
Temperatura	Temperatura
Topografia	Topografije

Arte
Umetnost

Cerâmica	Keramičke
Complexo	Kompleks
Composição	Sastav
Criar	Stvoriti
Escultura	Skulpture
Expressão	Izraz
Honesto	Iskren
Humor	Raspoloženje
Inspirado	Inspirisan
Original	Originalne
Pessoal	Lični
Pinturas	Slike
Poesia	Poezije
Retratar	Portret
Simples	Jednostavan
Símbolo	Simbol
Sujeito	Tema
Surrealismo	Nadrealizam
Visual	Vizuelni

Artes Visuais
Vizuelne Umetnosti

Argila	Gline
Arquitetura	Arhitektura
Artista	Umetnik
Caneta	Olovka
Carvão	Ugalj
Cavalete	Stalak
Cera	Vosak
Cerâmica	Keramike
Composição	Sastav
Criatividade	Kreativnost
Escultura	Skulpture
Estêncil	Šablon
Filme	Film
Fotografia	Fotografija
Giz	Krede
Obra-Prima	Remek-Delo
Perspectiva	Perspektive
Pintura	Slikarstvo
Retrato	Portret
Verniz	Lak

Astronomia
Astronomija

Asteróide	Asteroid
Astronauta	Astronauta
Astrônomo	Astronom
Céu	Nebo
Constelação	Sazvežđe
Cosmos	Kosmos
Eclipse	Pomračenje
Equinócio	Ravnodnevnica
Foguete	Raketa
Gravidade	Gravitacije
Lua	Mesec
Meteoro	Meteor
Nebulosa	Nebula
Observatório	Opservatorije
Planeta	Planete
Radiação	Zračenja
Solar	Solarne
Supernova	Supernova
Terra	Zemlje
Universo	Svemir

Atividades
Aktivnosti

Arte	Umetnost
Artesanato	Zanata
Atividade	Aktivnost
Caca	Lov
Caminhada	Planinarenje
Cerâmica	Keramike
Fotografia	Fotografije
Habilidade	Veština
Interesses	Interese
Jardinagem	Baštovanstvo
Jogos	Igre
Lazer	Slobodno
Lendo	Čitanje
Magia	Magija
Pesca	Ribolov
Pintura	Sliku
Prazer	Zadovoljstvo
Relaxamento	Relaksacija

Atividades e Lazer
Aktivnosti i Slobodno Vr

Acampamento	Kampovanje
Arte	Umetnost
Basquete	Košarku
Beisebol	Bejzbol
Boxe	Boks
Caminhada	Planinarenje
Futebol	Fudbal
Golfe	Golf
Hobbies	Hobije
Jardinagem	Baštovanstvo
Mergulho	Ronjenje
Natação	Plivanje
Pesca	Ribolov
Pintura	Sliku
Relaxante	Opuštajuće
Surfe	Surfovanje
Tênis	Tenis
Viagem	Putovati
Voleibol	Odbojka

Aventura
Avantura

Alegria	Radost
Amigos	Prijatelji
Atividade	Aktivnost
Beleza	Lepota
Bravura	Hrabrost
Chance	Šansa
Desafios	Izazova
Destino	Odredište
Dificuldade	Teškoće
Entusiasmo	Entuzijazam
Excursão	Ekskurzije
Incomum	Neobično
Itinerário	Program
Natureza	Priroda
Navegação	Navigaciju
Novo	Nova
Perigoso	Opasan
Preparação	Priprema
Segurança	Sigurnost
Surpreendente	Iznenađujuće

Aviões
Avioni

Altitude	Visinu
Altura	Visina
Ar	Vazduh
Aterrissagem	Sletanja
Atmosfera	Atmosfera
Aventura	Avantura
Balão	Balon
Céu	Nebo
Combustível	Gorivo
Construção	Konstrukcija
Descida	Silazak
Direção	Pravcu
Hidrogênio	Vodonik
História	Istorija
Inflar	Naduvavaju
Motor	Motor
Passageiro	Putnik
Piloto	Pilot
Tripulação	Posade
Turbulência	Turbulencije

Água
Voda

Canal	Kanal
Chuva	Kiše
Chuveiro	Tuš
Evaporação	Isparavanja
Furacão	Uragan
Geada	Mraz
Gelo	Led
Geyser	Gejzir
Inundação	Poplava
Irrigação	Navodnjavanje
Lago	Jezero
Monção	Monsun
Neve	Sneg
Oceano	Okeana
Ondas	Talasa
Potável	Pitke
Rio	Reke
Umidade	Vlage
Vapor	Pare

Balé
Balet

Aplauso	Aplauz
Artístico	Umetničke
Bailarina	Balerina
Compositor	Kompozitor
Coreografia	Koreografija
Dançarinos	Plesača
Ensaio	Probe
Estilo	Stil
Expressivo	Izražajan
Gesto	Gest
Gracioso	Graciozan
Habilidade	Veština
Intensidade	Intenzitet
Música	Muzika
Orquestra	Orkestar
Prática	Vežba
Público	Publike
Ritmo	Ritam
Solo	Solo
Técnica	Tehnika

Banheiro
Kupatilo

Água	Voda
Banheiro	Toalet
Banho	Kupka
Bolhas	Mehurića
Chuveiro	Tuš
Espelho	Ogledalo
Esponja	Sunđer
Loção	Losion
Perfume	Parfem
Sabão	Sapun
Tapete	Tepih
Tesoura	Makaze
Toalha	Peškir
Torneira	Slavina
Vapor	Pare
Xampu	Šampon

Barcos
Brodovi

Âncora	Sidro
Balsa	Trajekt
Bóia	Bova
Caiaque	Kajak
Canoa	Kanu
Corda	Konopac
Doca	Dok
Iate	Jahte
Jangada	Splav
Lago	Jezero
Mar	More
Maré	Plime
Marinheiro	Mornar
Mastro	Jarbol
Motor	Motor
Náutico	Nautičkih
Oceano	Okean
Ondas	Talasa
Rio	Reke
Tripulação	Posade

Brinquedos
Igračke

Argila	Klej
Artesanato	Zanata
Avião	Avion
Barco	Čamac
Bateria	Bubnjevi
Bicicleta	Bicikl
Bola	Lopta
Boneca	Lutka
Caminhão	Kamion
Carro	Kola
Favorito	Omiljeni
Imaginação	Mašte
Jogos	Igre
Livros	Knjige
Pipa	Zmaj
Robô	Robot
Xadrez	Šah

Caminhada
Planinarenje

Acampamento	Kampovanje
Animais	Životinje
Água	Voda
Botas	Čizme
Cansado	Umoran
Clima	Klima
Guias	Vodiči
Mapa	Mapa
Montanha	Planine
Natureza	Priroda
Orientação	Položaj
Parques	Parkova
Pedras	Kamenje
Penhasco	Klif
Perigos	Opasnosti
Pesado	Teška
Preparação	Priprema
Selvagem	Divlja
Sol	Sunce
Tempo	Vreme

Campeonato
Prvenstvo

Campeão	Prvak
Campeonato	Prvenstvo
Desempenho	Nastup
Equipe	Tim
Esportes	Sport
Estratégia	Strategiju
Finalista	Finalista
Jogos	Igre
Juiz	Sudija
Liga	Liga
Medalha	Medalja
Motivação	Motivacija
Resistência	Izdržljivosti
Torneio	Turnir
Treinador	Trener
Vitória	Pobeda

Casa
Kuća

Biblioteca	Biblioteke
Cerca	Ograde
Chaves	Tasteri
Chuveiro	Tuš
Cortinas	Zavese
Cozinha	Kuhinja
Espelho	Ogledalo
Garagem	Garaža
Janela	Prozor
Jardim	Bašta
Lareira	Kamin
Mobiliário	Nameštaj
Parede	Zid
Porta	Vrata
Quarto	Soba
Sótão	Tavanu
Tapete	Tepih
Teto	Plafon
Torneira	Slavina
Vassoura	Metla

Castelos
Dvorci

Armadura	Oklop
Catapulta	Katapult
Cavaleiro	Vitez
Cavalo	Konj
Coroa	Krunu
Dinastia	Dinastije
Dragão	Zmaj
Escudo	Štit
Espada	Mač
Feudal	Feudalno
Fortaleza	Tvrđava
Império	Carstva
Nobre	Plemeniti
Palácio	Palata
Parede	Zid
Princesa	Princeza
Príncipe	Princ
Reino	Kraljevstvo
Torre	Kula
Unicórnio	Jednorog

Chocolate
Čokolada

Açúcar	Šećera
Amargo	Gorka
Amendoins	Kikiriki
Antioxidante	Antioksidans
Aroma	Arome
Artesanal	Zanatski
Cacau	Kakao
Calorias	Kalorija
Caramelo	Karamel
Coco	Kokos
Delicioso	Ukusno
Doce	Slatko
Exótico	Egzotične
Favorito	Omiljeni
Gosto	Ukus
Ingrediente	Sastojak
Pó	Prah
Qualidade	Kvalitet
Receita	Recept

Churrascos
Роштиљ

Almoço	Ručak
Convite	Poziv
Crianças	Deca
Facas	Noževi
Família	Porodica
Fome	Glad
Frango	Pile
Fruta	Voće
Grelha	Roštilj
Jantar	Večera
Jogos	Igre
Legumes	Povrće
Molho	Sos
Música	Muzika
Pimenta	Biber
Quente	Vruće
Sal	So
Saladas	Salate
Tomates	Paradajz
Verão	Leto

Cidade
Grad

Aeroporto	Aerodrom
Banco	Banke
Biblioteca	Biblioteke
Cinema	Bioskop
Escola	Škola
Estádio	Stadion
Farmácia	Apoteke
Florista	Cvećar
Galeria	Galerija
Hotel	Hotel
Jardim Zoológico	Zoo Vrt
Livraria	Knjižara
Mercado	Tržište
Museu	Muzej
Padaria	Pekara
Restaurante	Restoran
Salão	Salon
Supermercado	Supermarketa
Teatro	Pozorište
Universidade	Univerzitet

Ciência
Nauka

Átomo	Atom
Cientista	Naučnik
Clima	Klima
Dados	Podataka
Evolução	Evolucije
Fato	Stvari
Física	Fizike
Fóssil	Fosil
Gravidade	Gravitacije
Hipótese	Hipoteze
Laboratório	Laboratorija
Método	Metod
Minerais	Minerala
Moléculas	Molekula
Natureza	Priroda
Observação	Posmatranje
Organismo	Organizma
Partículas	Čestice
Plantas	Biljke
Químico	Hemijske

Circo
Cirkus

Acrobata	Akrobat
Animais	Životinje
Balões	Baloni
Bilhete	Kartu
Desfile	Parada
Doce	Bombona
Elefante	Slon
Espectador	Gledalac
Espetacular	Spektakularan
Leão	Lav
Macaco	Majmun
Magia	Magija
Malabarista	Žongler
Mágico	Mađioničar
Música	Muzika
Palhaço	Klovn
Tenda	Šator
Tigre	Tigar
Traje	Kostim
Truque	Trik

Clima
Vreme

Arco-Íris	Duga
Atmosfera	Atmosfera
Brisa	Povetarac
Céu	Nebo
Clima	Klima
Furacão	Uragan
Gelo	Led
Monção	Monsun
Nevoeiro	Magla
Nuvem	Oblak
Polar	Polarni
Relâmpago	Munje
Seca	Suše
Seco	Suva
Temperatura	Temperatura
Tempestade	Oluja
Tornado	Tornado
Tropical	Tropske
Trovão	Grmljavina
Vento	Vetar

Comida # 2
Храна # 2

Alcachofra	Artičoke
Amêndoa	Badem
Arroz	Pirinač
Banana	Banane
Beringela	Patlidžan
Brócolis	Brokoli
Cereja	Višnje
Chocolate	Čokolada
Cogumelo	Gljiva
Frango	Pile
Iogurte	Jogurt
Kiwi	Kivi
Maçã	Jabuka
Ovo	Jaje
Peixe	Ribe
Presunto	Šunka
Queijo	Sir
Tomate	Paradajz
Trigo	Pšenice
Uva	Grožđa

Comida #1
Храна Бр.

Açúcar	Šećera
Alho	Beli Luk
Amendoim	Kikiriki
Atum	Tuna
Bolo	Torta
Canela	Cimet
Cebola	Luk
Cenoura	Šargarepa
Cevada	Ječam
Damasco	Kajsije
Espinafre	Spanać
Leite	Mleka
Limão	Limun
Manjericão	Bosiljak
Morango	Jagoda
Nabo	Repa
Sal	So
Salada	Salata
Sopa	Supa
Suco	Sok

Conservação
Konzervacija

Ambiental	Ekološka
Água	Voda
Ciclo	Ciklus
Clima	Klima
Ecossistema	Ekosistem
Educação	Obrazovanje
Habitat	Stanište
Natural	Prirodno
Orgânico	Organski
Pesticida	Pesticid
Poluição	Zagađenja
Reciclar	Reciklira
Reduzir	Smanjiti
Saúde	Zdravlje
Sustentável	Održiv
Verde	Zelen
Voluntário	Volonter

Cores
Boje

Amarelo	Žut
Azul	Plava
Bege	Bež
Branco	Beo
Ciano	Cijan
Cinza	Siva
Fuchsia	Fuchsia
Laranja	Pomorandža
Magenta	Magenta
Marrom	Braon
Preto	Crna
Rosa	Roze
Roxo	Ljubičasta
Sépia	Sepija
Verde	Zelen
Vermelho	Crvena

Corpo Humano
Ljudsko Telo

Boca	Usta
Cabeça	Glava
Cérebro	Mozak
Coração	Srce
Cotovelo	Lakat
Dedo	Prst
Joelho	Koleno
Mandíbula	Vilice
Mão	Ruka
Nariz	Nos
Olho	Oko
Ombro	Rame
Orelha	Uvo
Pele	Koža
Perna	Nogu
Pescoço	Vrat
Queixo	Brada
Sangue	Krv
Testa	Čelo
Tornozelo	Skočni Zglob

Cozinha
Kuhinja

Avental	Kecelja
Chaleira	Čajnik
Colheres	Kašike
Concha	Lonca
Cups	Šolje
Especiarias	Začini
Esponja	Sunđer
Facas	Noževi
Forno	Rerna
Freezer	Zamrzivač
Garfos	Viljuške
Geladeira	Frižider
Grelha	Roštilj
Guardanapo	Salveta
Jar	Teglu
Jarro	Vrč
Pauzinhos	Štapići
Receita	Recept
Tigela	Činiju

Dança
Dance

Academia	Akademije
Alegre	Radosno
Arte	Umetnost
Clássico	Klasične
Coreografia	Koreografija
Corpo	Telo
Cultura	Kultura
Cultural	Kulturni
Emoção	Emocija
Ensaio	Probe
Expressivo	Izražajan
Graça	Grejs
Movimento	Pokret
Música	Muzika
Parceiro	Partner
Postura	Stav
Ritmo	Ritam
Tradicional	Tradicionalni
Visual	Vizuelni

Dias e Meses
Dani i Meseci

Abril	April
Agosto	Avgust
Ano	Godina
Calendário	Kalendar
Dezembro	Decembar
Domingo	Subota
Fevereiro	Februar
Janeiro	Januar
Julho	Jul
Junho	Jun
Mês	Meseca
Novembro	Novembar
Outubro	Oktobar
Quarta-Feira	Sreda
Quinta-Feira	Četvrtak
Segunda-Feira	Ponedeljak
Semana	Nedelja
Setembro	Septembar
Sexta-Feira	Petak
Terça	Utorak

Dinossauros
Dinosaurusi

Asas	Krila
Carnívoro	Mesojed
Cauda	Rep
Desaparecimento	Nestanak
Enorme	Ogromne
Espécies	Vrste
Evolução	Evolucije
Fósseis	Fosila
Grande	Velika
Herbívoro	Biljojed
Mamute	Mamut
Onívoro	Svejed
Poderoso	Moćan
Presa	Plen
Pré-Histórico	Praistorijski
Réptil	Reptil
Tamanho	Veličina
Terra	Zemlje
Vicioso	Zlobna

Dirigindo
Vožnja

Acidente	Nesreća
Caminhão	Kamion
Carro	Kola
Combustível	Gorivo
Cuidado	Oprez
Estrada	Put
Freios	Kočnice
Garagem	Garaža
Gás	Gas
Licença	Licencu
Mapa	Mapa
Motocicleta	Motor
Pedestre	Pešak
Perigo	Opasnost
Polícia	Policija
Rua	Ulici
Segurança	Sigurnost
Transporte	Prevoz
Tráfego	Saobraćaja
Túnel	Tunel

Disciplinas Científicas
Naučne Discipline

Anatomia	Anatomije
Arqueologia	Arheologije
Astronomia	Astronomije
Biologia	Biologije
Bioquímica	Biohemije
Botânica	Botanike
Cinesiologia	Kineziologije
Ecologia	Ekologije
Fisiologia	Fiziologije
Geologia	Geologije
Imunologia	Imunologije
Linguística	Lingvistike
Meteorologia	Meteorologije
Mineralogia	Mineralogija
Neurologia	Neurologije
Psicologia	Psihologije
Química	Hemije
Sociologia	Sociologije
Termodinâmica	Termodinamike
Zoologia	Zoologije

Ecologia
Ekologija

Clima	Klima
Comunidades	Zajednice
Diversidade	Raznolikost
Fauna	Faune
Flora	Flore
Global	Globalno
Habitat	Stanište
Marinho	Morskih
Montanhas	Planine
Natural	Prirodno
Natureza	Priroda
Pântano	Močvara
Plantas	Biljke
Recursos	Resurse
Seca	Suše
Sobrevivência	Opstanak
Sustentável	Održiv
Variedade	Različite
Vegetação	Vegetacije
Voluntários	Volontera

Edifícios
Zgrade

Apartamento	Stan
Castelo	Zamak
Celeiro	Ambar
Cinema	Bioskop
Embaixada	Ambasade
Escola	Škola
Estádio	Stadion
Fazenda	Farmi
Fábrica	Fabrike
Garagem	Garaža
Hospital	Bolnica
Hotel	Hotel
Laboratório	Laboratorija
Museu	Muzej
Observatório	Opservatorije
Supermercado	Supermarketa
Teatro	Pozorište
Tenda	Šator
Torre	Kula
Universidade	Univerzitet

Emoções
Emocije

Alegria	Radost
Amor	Ljubav
Bem-Aventurança	Blaženstvo
Bondade	Ljubaznost
Calmo	Mirno
Conteúdo	Sadržaj
Envergonhado	Sramota
Grato	Zahvalan
Medo	Strah
Paz	Mir
Raiva	Bes
Relaxado	Opušteno
Satisfeito	Zadovoljan
Simpatia	Simpatije
Ternura	Nežnost
Tédio	Dosade
Tranquilidade	Spokoj
Tristeza	Tuga

Escalada
Penjanje

Altitude	Visinu
Atmosfera	Atmosfera
Botas	Čizme
Caminhada	Planinarenje
Capacete	Kacigu
Caverna	Pećine
Curiosidade	Radoznalost
Desafios	Izazova
Especialista	Ekspert
Estabilidade	Stabilnost
Estreito	Uska
Físico	Fizički
Força	Snage
Guias	Vodiči
Luvas	Rukavice
Mapa	Mapa
Terreno	Teren

Escola # 2
Школа № 2

Acadêmico	Akademske
Atividades	Aktivnosti
Biblioteca	Biblioteke
Calendário	Kalendar
Ciência	Nauke
Computador	Računar
Dicionário	Rečnik
Educação	Obrazovanje
Gramática	Gramatike
Jogos	Igre
Lápis	Olovka
Leitura	Čitanje
Literatura	Književnost
Livros	Knjige
Matemática	Matematike
Mochila	Ranac
Papel	Papir
Professor	Učitelj
Suprimentos	Zalihe
Tesoura	Makaze

Escola #1
Школа № 1

Alfabeto	Alfabet
Almoço	Ručak
Amigos	Prijatelji
Biblioteca	Biblioteke
Cadeira	Stolica
Canetas	Olovke
Exames	Ispita
Lápis	Olovka
Livros	Knjige
Matemática	Matematike
Mesa	Stolu
Números	Brojeve
Papel	Papir
Pastas	Fascikle
Professor	Učitelj
Questionário	Kviz
Respostas	Odgovore

Especiarias
Začini

Açafrão	Šafran
Alcaçuz	Sladiće
Alho	Beli Luk
Amargo	Gorka
Anis	Anisa
Azedo	Kiselo
Baunilha	Vanile
Canela	Cimet
Cardamomo	Kardamom
Caril	Kari
Cebola	Luk
Coentro	Korijander
Cominho	Kumin
Cravo	Karanfilić
Doce	Slatko
Funcho	Komorač
Gengibre	Đumbir
Pimenta	Biber
Sabor	Ukus
Sal	So

Esportes
Спортови

Atleta	Sportista
Árbitro	Sudija
Basquete	Košarku
Beisebol	Bejzbol
Bicicleta	Bicikl
Campeonato	Prvenstvo
Equipe	Tim
Estádio	Stadion
Ganhador	Pobednik
Ginásio	Sali
Ginástica	Gimnastike
Golfe	Golf
Hóquei	Hokej
Jogador	Igrač
Jogo	Igra
Movimento	Pokret
Tênis	Tenis
Treinador	Trener

Exploração
Istraživanje

Animais	Životinje
Atividade	Aktivnost
Coragem	Hrabrost
Culturas	Kultura
Descoberta	Otkriće
Desconhecido	Nepoznat
Determinação	Određivanje
Distante	Dalekoj
Espaço	Svemir
Exaustão	Iscrpljenost
Excitação	Uzbuđenje
Língua	Jezik
Novo	Nova
Perigos	Opasnosti
Selvagem	Divlja
Terreno	Teren
Viagem	Putovati

Família
Porodica

Antepassado	Predak
Avó	Baka
Criança	Dete
Crianças	Deca
Esposa	Supruga
Filha	Ćerka
Infância	Detinjstva
Irmã	Sestra
Irmão	Brat
Marido	Muž
Materno	Majčinske
Mãe	Majka
Neto	Unuk
Pai	Otac
Paterno	Očinske
Primo	Rođak
Sobrinha	Nećakinja
Sobrinho	Nećak
Tia	Tetka
Tio	Ujak

Fazenda #1
Фарма Бр.

Abelha	Pčela
Agricultura	Poljoprivrede
Arroz	Pirinač
Água	Voda
Bezerro	Tele
Burro	Magarac
Cabra	Koza
Campo	Polje
Cavalo	Konj
Cão	Pas
Cerca	Ograde
Corvo	Vrana
Feno	Seno
Fertilizante	Đubriva
Frango	Pile
Gato	Mačka
Mel	Med
Porco	Svinja
Rebanho	Jato
Vaca	Krava

Fazenda #2
Фарма # 2

Agricultor	Farmer
Animais	Životinje
Celeiro	Ambar
Cevada	Ječam
Colmeia	Košnica
Cordeiro	Jagnje
Fruta	Voće
Irrigação	Navodnjavanje
Leite	Mleka
Lhama	Lame
Maduro	Zrele
Milho	Kukuruz
Ovelha	Ovce
Pastor	Pastir
Pato	Patka
Pomar	Voćnjak
Prado	Livada
Trator	Traktor
Trigo	Pšenice
Vegetal	Povrća

Férias #1
Одмор Бр.

Alfândega	Carine
Avião	Avion
Bilhete	Kartu
Bonde	Tramvaj
Carro	Kola
Expedição	Ekspedicije
Guarda-Chuva	Kišobran
Itinerário	Program
Lago	Jezero
Mala	Kofer
Mochila	Ranac
Moeda	Valute
Museu	Muzej
Partida	Odlazak
Relaxamento	Relaksacija
Turista	Turista

Férias #2
Одмор # 2

Aeroporto	Aerodrom
Destino	Odredište
Estrangeiro	Stranac
Feriado	Odmor
Fotos	Fotografije
Hotel	Hotel
Ilha	Ostrvo
Lazer	Slobodno
Mapa	Mapa
Mar	More
Montanhas	Planine
Passaporte	Pasoš
Praia	Plaža
Reservas	Rezervacije
Restaurante	Restoran
Táxi	Taksi
Tenda	Šator
Transporte	Prevoz
Viagem	Putovanje
Visto	Viza

Ficção Científica
Naučna Fantastika

Atómico	Atomske
Cinema	Bioskop
Distante	Dalekoj
Distopia	Distopija
Explosão	Eksplozije
Extremo	Ekstremne
Fantástico	Fantastičan
Fogo	Požar
Futurista	Futuristički
Galáxia	Galaksija
Ilusão	Iluzije
Imaginário	Imaginarne
Livros	Knjige
Misterioso	Tajanstven
Mundo	Svet
Oráculo	Proročište
Planeta	Planete
Robôs	Robota
Tecnologia	Tehnologija
Utopia	Utopije

Flores
Cveće

Buquê	Buket
Dente-De-Leão	Maslačak
Gardênia	Gardenija
Girassol	Suncokret
Hibisco	Hibiskus
Jasmim	Jasmin
Lavanda	Lavande
Lilás	Jorgovan
Lírio	Lili
Magnólia	Magnolije
Margarida	Dejzi
Orquídea	Orhideja
Papoula	Maka
Peônia	Božur
Pétala	Latica
Plumeria	Plumerija
Rosa	Ruža
Trevo	Detelina
Tulipa	Lala

Floresta Tropical
Rainforest

Anfíbios	Vodozemci
Botânico	Botanički
Clima	Klima
Comunidade	Zajednica
Diversidade	Raznolikost
Espécies	Vrste
Indígena	Autohtonih
Insetos	Insekti
Mamíferos	Sisara
Musgo	Mahovina
Natureza	Priroda
Nuvens	Oblaci
Pássaros	Ptice
Preservação	Očuvanje
Refúgio	Utočište
Respeito	Poštovati
Restauração	Restauracija
Selva	Džungli
Sobrevivência	Opstanak
Valioso	Vredne

Formas
Oblici

Arco	Luk
Canto	Ugao
Cilindro	Cilindar
Círculo	Krug
Cone	Klip
Cubo	Kocka
Curva	Krive
Elipse	Elipse
Esfera	Sferi
Hipérbole	Hiperbola
Lado	Strana
Linha	Red
Oval	Ovalne
Pirâmide	Piramide
Polígono	Poligona
Prisma	Prizme
Quadrado	Kvadrat
Retângulo	Pravougaonik
Triângulo	Trougao

Frutas
Voće

Abacate	Avokado
Abacaxi	Ananas
Amora	Kupina
Baga	Berri
Banana	Banane
Cereja	Višnje
Coco	Kokos
Damasco	Kajsije
Figo	Fig
Framboesa	Maline
Kiwi	Kivi
Laranja	Pomorandža
Limão	Limun
Maçã	Jabuka
Mamão	Papaja
Manga	Mango
Nectarina	Nektarina
Pera	Kruške
Pêssego	Breskve
Uva	Grožđa

Gatos
Mačke

Brincalhão	Razigran
Caçador	Lovac
Cauda	Rep
Curioso	Radoznao
Dormir	San
Engraçado	Smešno
Fio	Prediva
Garra	Kandža
Independente	Nezavisna
Louco	Lud
Mouse	Miš
Pata	Šape
Pele	Krzno
Personalidade	Ličnosti
Selvagem	Divlja
Tímido	Stidljiv

Geografia
Geografija

Altitude	Visinu
Atlas	Atlas
Cidade	Grad
Continente	Kontinent
Equador	Ekvator
Hemisfério	Hemisfere
Ilha	Ostrvo
Mapa	Mapa
Mar	More
Meridiano	Meridijan
Montanha	Planine
Mundo	Svet
Norte	Sever
Oceano	Okean
Oeste	Zapad
País	Zemlju
Região	Regiona
Rio	Reke
Sul	Jug
Território	Teritorije

Geologia
Geologija

Ácido	Kiseline
Camada	Sloj
Caverna	Kaverna
Cálcio	Kalcijum
Continente	Kontinent
Coral	Koral
Cristais	Kristala
Erosão	Erozije
Estalactite	Stalaktit
Estalagmites	Stalagmita
Fóssil	Fosil
Lava	Lava
Minerais	Minerala
Pedra	Kamen
Platô	Plato
Quartzo	Kvarc
Sal	So
Terremoto	Zemljotres
Vulcão	Vulkan
Zona	Zoni

Herbalismo
Herbalizam

Açafrão	Šafran
Alecrim	Ruzmarin
Alho	Beli Luk
Aromático	Aromatično
Benéfico	Koristan
Coentro	Korijander
Estragão	Estragon
Flor	Cvet
Funcho	Komorač
Ingrediente	Sastojak
Jardim	Bašta
Lavanda	Lavande
Manjericão	Bosiljak
Manjerona	Majoran
Orégano	Origano
Planta	Biljka
Qualidade	Kvalitet
Sabor	Ukus
Salsa	Peršun
Verde	Zelen

Insetos
Insekti

Abelha	Pčela
Barata	Bubašvaba
Besouro	Buba
Borboleta	Leptir
Cigarra	Cvrčci
Cupim	Termit
Formiga	Mrav
Gafanhoto	Skakavac
Joaninha	Bubamara
Larva	Larva
Libélula	Vilin Konjic
Louva-A-Deus	Mantis
Mariposa	Moljac
Minhoca	Crv
Mosquito	Komarac
Pulga	Buva
Pulgão	Uširenih
Vespa	Osa

Instrumentos Musicais
Muzički Instrumenti

Bandolim	Mandolina
Banjo	Bendžo
Baquetas	Batak
Clarinete	Klarinet
Fagote	Fagot
Flauta	Flauta
Gaita	Harmonika
Gongo	Gong
Harpa	Harfe
Oboé	Obou
Pandeiro	Tamburaša
Percussão	Udaraljke
Piano	Klavir
Saxofone	Saksofon
Tambor	Bubanj
Trombone	Trombon
Trompete	Truba
Violão	Gitara
Violino	Violinu
Violoncelo	Violončelo

Jardim
Гарден

Ancinho	Grablje
Arbusto	Grm
Árvore	Drvo
Banco	Klupa
Cerca	Ograde
Flor	Cvet
Garagem	Garaža
Grama	Trava
Gramado	Travnjak
Jardim	Bašta
Lagoa	Jezeru
Maca	Viseća
Mangueira	Crevo
Pá	Lopata
Pomar	Voćnjak
Solo	Zemlja
Terraço	Terasa
Trampolim	Trampolin
Varanda	Trem
Videira	Vajn

Literatura
Književnost

Analogia	Analogija
Análise	Analiza
Anedota	Anegdota
Autor	Autor
Biografia	Biografija
Comparação	Poređenje
Conclusão	Zaključak
Descrição	Opis
Diálogo	Dijalog
Estilo	Stil
Ficção	Fikcija
Metáfora	Metafora
Narrador	Narator
Opinião	Mišljenje
Poema	Pesma
Rima	Rime
Ritmo	Ritam
Romance	Roman
Tema	Tema
Tragédia	Tragedije

Livros
Knjige

Autor	Autor
Aventura	Avantura
Coleção	Kolekcija
Contexto	Kontekst
Dualidade	Dvojnost
Escrito	Napisan
Épico	Epske
História	Priča
Histórico	Istorijski
Inventivo	Inventivni
Leitor	Čitač
Literário	Književne
Narrador	Narator
Página	Strana
Poema	Pesma
Poesia	Poezije
Relevante	Relevantno
Romance	Roman
Série	Serija
Trágico	Tragične

Mamíferos
Sisari

Baleia	Kit
Camelo	Kamile
Canguru	Kengur
Castor	Dabar
Cavalo	Konj
Cão	Pas
Coelho	Zec
Coiote	Kojota
Elefante	Slon
Gato	Mačka
Girafa	Žirafa
Golfinho	Delfin
Gorila	Gorila
Leão	Lav
Lobo	Vuk
Macaco	Majmun
Ovelha	Ovce
Raposa	Lisica
Touro	Bik
Zebra	Zebra

Matemática
Matematike

Aritmética	Aritmetika
Ângulos	Uglova
Circunferência	Obim
Decimal	Decimalne
Diâmetro	Prečnik
Equação	Jednačina
Expoente	Eksponent
Fração	Frakcija
Geometria	Geometrije
Paralelo	Paralelni
Paralelogramo	Paralelogram
Perímetro	Perimetar
Perpendicular	Upravno
Polígono	Poligona
Quadrado	Kvadrat
Raio	Radijus
Retângulo	Pravougaonik
Simetria	Simetrija
Triângulo	Trougao
Volume	Volumen

Material de Arte
Umetnički Pribor

Acrílico	Akril
Apagador	Gumica
Aquarelas	Akvareli
Argila	Klej
Água	Voda
Cadeira	Stolica
Carvão	Ugalj
Cavalete	Stalak
Câmera	Kamera
Cola	Lepak
Cores	Boje
Criatividade	Kreativnost
Escovas	Četke
Lápis	Olovke
Mesa	Sto
Óleo	Ulje
Papel	Papir
Pastels	Pastela
Tinta	Mastilo

Medições
Меасуремeнтс

Altura	Visina
Byte	Bajt
Centímetro	Centimetar
Comprimento	Dužina
Decimal	Decimalne
Grama	Gram
Grau	Stepen
Largura	Širina
Litro	Litar
Massa	Mase
Metro	Metar
Minuto	Minut
Onça	Unca
Peso	Težina
Polegada	Inča
Profundidade	Dubina
Quilograma	Kilogram
Quilômetro	Kilometar
Tonelada	Tona
Volume	Volumen

Meditação
Meditacija

Aceitação	Prihvatanje
Acordado	Budan
Atenção	Pažnja
Bondade	Ljubaznost
Clareza	Jasnoće
Compaixão	Saosećanje
Emoções	Emocija
Ensinamentos	Učenja
Gratidão	Zahvalnost
Mental	Mentalne
Mente	Um
Movimento	Pokret
Música	Muzika
Natureza	Priroda
Observação	Posmatranje
Paz	Mir
Pensamentos	Misli
Perspectiva	Perspektive
Postura	Stav
Silêncio	Tišina

Mitologia
Mitologija

Arquétipo	Arhetip
Ciúmes	Ljubomore
Comportamento	Ponašanje
Criação	Stvaranje
Criatura	Stvorenje
Cultura	Kultura
Desastre	Katastrofe
Força	Snage
Guerreiro	Ratnik
Heroína	Heroina
Herói	Heroj
Imortalidade	Besmrtnost
Labirinto	Lavirint
Lenda	Legenda
Mágico	Magične
Monstro	Čudovište
Mortal	Smrtni
Relâmpago	Munje
Trovão	Grmljavina
Vingança	Osveta

Natureza
Priroda

Abelhas	Pčele
Abrigo	Sklonište
Animais	Životinje
Ártico	Arktik
Beleza	Lepota
Deserto	Pustinji
Dinâmico	Dinamičan
Erosão	Erozije
Floresta	Šuma
Folhagem	Lišće
Geleira	Glečer
Nevoeiro	Magla
Nuvens	Oblaci
Pacífico	Mirno
Rio	Reke
Santuário	Svetilište
Selvagem	Divlja
Sereno	Spokojan
Tropical	Tropske
Vital	Vitalni

Nutrição
Ishrana

Amargo	Gorka
Apetite	Apetit
Calorias	Kalorija
Comestível	Jestivo
Dieta	Dijeta
Digestão	Varenje
Equilibrado	Uravnotežen
Fermentação	Fermentacije
Ingredientes	Sastojci
Líquidos	Tečnosti
Molho	Sos
Peso	Težina
Porção	Deo
Proteínas	Proteina
Qualidade	Kvalitet
Sabor	Ukus
Saudável	Zdrav
Saúde	Zdravlje
Toxina	Otrov
Vitamina	Vitamin

Números
Brojevi

Cinco	Pet
Decimal	Decimalne
Dez	Deset
Dezesseis	Šesnaest
Dezessete	Sedamnaest
Dezoito	Osamnaest
Dois	Dva
Doze	Dvanaest
Nove	Devet
Oito	Osam
Quatorze	Četrnaest
Quatro	Četiri
Quinze	Petnaest
Seis	Šest
Sete	Sedam
Treze	Trinaest
Três	Tri
Um	Jedan
Vinte	Dvadeset
Zero	Nula

Oceano
Okeana

Alga	Alge
Atum	Tuna
Baleia	Kit
Barco	Čamac
Camarão	Škampi
Caranguejo	Kraba
Coral	Koral
Enguia	Jegulja
Esponja	Sunđer
Golfinho	Delfin
Marés	Plime
Medusa	Meduza
Ostra	Ostriga
Peixe	Ribe
Polvo	Hobotnice
Recife	Greben
Sal	So
Tartaruga	Kornjača
Tempestade	Oluja
Tubarão	Ajkula

Paisagens
Pejzaži

Cascata	Vodopad
Caverna	Pećine
Colina	Brdo
Deserto	Pustinji
Geleira	Glečer
Golfo	Zaliv
Iceberg	Ledenog Brega
Ilha	Ostrvo
Lago	Jezero
Mar	More
Montanha	Planine
Oásis	Oaze
Oceano	Okean
Pântano	Močvara
Península	Poluostrvo
Praia	Plaža
Rio	Reke
Tundra	Tundre
Vale	Dolini
Vulcão	Vulkan

Países #2
Zemlje #2

Albânia	Albanija
Dinamarca	Danska
França	Francuske
Grécia	Grčke
Haiti	Haiti
Indonésia	Indonezija
Irlanda	Irska
Jamaica	Jamajka
Japão	Japan
Laos	Laos
Líbano	Liban
México	Meksiko
Nepal	Nepal
Nigéria	Nigerija
Paquistão	Pakistan
Rússia	Rusija
Síria	Sirije
Somália	Somalije
Ucrânia	Ukrajina
Uganda	Ugandi

Pássaros
Ptice

Avestruz	Noja
Águia	Orao
Cegonha	Roda
Cisne	Labud
Corvo	Vrana
Cuco	Kukavica
Flamingo	Flamingo
Frango	Pile
Gaivota	Galeb
Ganso	Guska
Garça	Heron
Ovo	Jaje
Papagaio	Papagaj
Pardal	Vrapca
Pato	Patka
Pavão	Paun
Pelicano	Pelikan
Pinguim	Pingvin
Pombo	Golub
Tucano	Tukan

Pesca
Ribolov

Água	Voda
Barbatanas	Peraja
Barco	Čamac
Brânquias	Škrge
Cesta	Korpi
Cozinhar	Kuvar
Equipamento	Oprema
Exagero	Preterivanja
Fio	Žice
Gancho	Kuka
Isca	Mamac
Lago	Jezero
Mandíbula	Vilice
Oceano	Okean
Paciência	Strpljenja
Peso	Težina
Praia	Plaža
Rio	Reke
Temporada	Sezona

Piratas
Pirati

Aventura	Avantura
Âncora	Sidro
Bússola	Kompas
Capitão	Kapetan
Caverna	Pećine
Cicatriz	Ožiljak
Espada	Mač
Ilha	Ostrvo
Lenda	Legenda
Mapa	Mapa
Mau	Loše
Moedas	Kovanice
Oceano	Okean
Ouro	Zlato
Papagaio	Papagaj
Perigo	Opasnost
Praia	Plaža
Rum	Rum
Tesouro	Blago
Tripulação	Posade

Plantas
Biljke

Arbusto	Grm
Árvore	Drvo
Baga	Berri
Bambu	Bambus
Botânica	Botanike
Cacto	Kaktus
Erva	Herb
Feijão	Pasulj
Fertilizante	Đubriva
Flor	Cvet
Flora	Flore
Floresta	Šuma
Folhagem	Lišće
Grama	Trava
Hera	Bršljan
Jardim	Bašta
Musgo	Mahovina
Pétala	Latica
Raiz	Koren
Vegetação	Vegetacije

Praia
Plaža

Areia	Pesak
Azul	Plava
Barco	Čamac
Caranguejo	Kraba
Costa	Obale
Doca	Dok
Guarda-Chuva	Kišobran
Ilha	Ostrvo
Lagoa	Lagune
Mar	More
Oceano	Okean
Recife	Greben
Sandálias	Sandale
Sol	Sunce
Toalha	Peškir
Veleiro	Jedrilica

Preencher
Za Popunjavanje

Bacia	Basen
Balde	Kofu
Bandeja	Ležište
Barril	Bure
Bolso	Džep
Caixa	Kutija
Cesta	Korpi
Envelope	Koverte
Garrafa	Boca
Gaveta	Fioka
Jar	Teglu
Mala	Kofer
Pacote	Paket
Pasta	Fasciklu
Saco	Torba
Tubo	Cev
Vaso	Vaza

Profissões #1
Професије Бр.

Advogado	Advokat
Alfaiate	Krojač
Artista	Umetnik
Astrônomo	Astronom
Banqueiro	Bankar
Bombeiro	Vatrogasac
Caçador	Lovac
Cartógrafo	Kartograf
Cientista	Naučnik
Dançarino	Plesačica
Editor	Urednik
Embaixador	Ambasador
Enfermeira	Sestra
Geólogo	Geolog
Joalheiro	Zlatar
Marinheiro	Mornar
Músico	Muzičar
Pianista	Pijanista
Psicólogo	Psiholog
Veterinário	Veterinar

Profissões #2
Професије Бр.

Agricultor	Farmer
Astronauta	Astronauta
Bibliotecário	Bibliotekar
Biólogo	Biolog
Cirurgião	Hirurg
Dentista	Zubar
Engenheiro	Inženjer
Filósofo	Filozof
Fotógrafo	Fotograf
Ilustrador	Ilustrator
Inventor	Pronalazač
Investigador	Istraživač
Jardineiro	Baštovan
Jornalista	Novinar
Linguista	Lingvista
Médico	Lekar
Piloto	Pilot
Pintor	Slikar
Professor	Učitelj
Zoólogo	Zoolog

Restaurante # 2
Ресторан № 2

Almoço	Ručak
Água	Voda
Bebida	Napitak
Bolo	Torta
Cadeira	Stolica
Colher	Kašika
Delicioso	Ukusno
Especiarias	Začini
Fruta	Voće
Garçom	Kelner
Garfo	Viljuška
Gelo	Led
Jantar	Večera
Legumes	Povrće
Macarrão	Rezanci
Ovo	Jaja
Peixe	Ribe
Sal	So
Salada	Salata
Sopa	Supa

Restaurante #1
Ресторан бр. 1

Alergia	Alergije
Café	Kafa
Caixa	Blagajnik
Carne	Mesa
Cozinha	Kuhinja
Faca	Nož
Frango	Pile
Garçonete	Konobarica
Guardanapo	Salveta
Ingredientes	Sastojci
Menu	Meni
Molho	Sos
Pão	Hleb
Picante	Začinjeno
Placa	Ploča
Reserva	Rezervacije
Sobremesa	Desert
Tigela	Činiju

Roupas
Odeća

Avental	Kecelja
Blusa	Bluza
Calça	Pantalone
Camisa	Košulja
Casaco	Kaput
Chapéu	Šešir
Cinto	Pojas
Colar	Ogrlica
Jaqueta	Jaknu
Jeans	Farmerke
Luvas	Rukavice
Meias	Čarape
Moda	Moda
Pijama	Pidžame
Pulseira	Narukvica
Saia	Suknja
Sandálias	Sandale
Sapato	Cipela
Suéter	Džemper
Vestido	Haljina

Surf
Сурфовање

Atleta	Sportista
Campeão	Prvak
Espuma	Pena
Estilo	Stil
Estômago	Stomak
Extremo	Ekstremne
Força	Snage
Multidões	Gužve
Oceano	Okean
Onda	Talas
Popular	Popularna
Praia	Plaža
Principiante	Početna
Rapidez	Brzina
Recife	Greben
Tempo	Vreme

Tecnologia
Tehnologija

Arquivo	Datoteka
Blog	Blog
Bytes	Bajtova
Câmera	Kamera
Computador	Računar
Cursor	Kursora
Dados	Podataka
Digital	Digitalni
Estatísticas	Statistika
Internet	Internet
Mensagem	Poruka
Navegador	Pregledač
Pesquisa	Istraživanje
Segurança	Sigurnost
Software	Softver
Tela	Ekran
Virtual	Virtuelni
Vírus	Virus

Tempo
Vreme

Agora	Sada
Ano	Godina
Antes	Pre
Anual	Godišnje
Calendário	Kalendar
Década	Decenije
Dia	Dan
Futuro	Budućnost
Hoje	Danas
Hora	Sat
Manhã	Jutro
Meio-Dia	Podne
Mês	Meseca
Minuto	Minut
Momento	Trenutak
Noite	Noć
Ontem	Juče
Passado	Prošlost
Semana	Nedelja
Século	Vek

Tipos de Cabelo
Tipovi Kose

Branco	Beo
Brilhante	Sjajna
Cachos	Lokne
Careca	Ćelav
Cinza	Siva
Colori	Obojene
Encaracolado	Kovrdžava
Fino	Tanak
Grosso	Debeo
Loiro	Plava
Longo	Dugo
Marrom	Braon
Ondulado	Talasasta
Prata	Srebro
Preto	Crna
Saudável	Zdrav
Seco	Suva
Suave	Meka
Trançado	Pleteni
Tranças	Pletenice

Vegetais
Povrće

Abóbora	Bundeve
Aipo	Celer
Alcachofra	Artičoke
Alho	Beli Luk
Batata	Krompir
Beringela	Patlidžan
Brócolis	Brokoli
Cebola	Luk
Cenoura	Šargarepa
Chalota	Šalot
Cogumelo	Gljiva
Ervilha	Graška
Espinafre	Spanać
Gengibre	Đumbir
Nabo	Repa
Pepino	Krastavac
Rabanete	Rotkvica
Salada	Salata
Salsa	Peršun
Tomate	Paradajz

Veículos
Vozila

Ambulância	Hitnu
Avião	Avion
Balsa	Trajekt
Barco	Čamac
Bicicleta	Bicikl
Caminhão	Kamion
Caravana	Karavan
Carro	Kola
Foguete	Raketa
Helicóptero	Helikopter
Jangada	Splav
Lambreta	Skuter
Metrô	Metro
Motor	Motor
Ônibus	Autobus
Pneus	Gume
Submarino	Podmornice
Táxi	Taksi
Transporte	Šatl
Trator	Traktor

Verão
Leto

Acampamento	Kampovanje
Alegria	Radost
Amigos	Prijatelji
Casa	Kuća
Estrelas	Zvezde
Família	Porodica
Jardim	Bašta
Jogos	Igre
Lazer	Slobodno
Livros	Knjige
Mar	More
Mergulho	Ronjenje
Música	Muzika
Praia	Plaža
Relaxamento	Relaksacija
Sandálias	Sandale
Viagem	Putovati

Virtudes #1
Врлине Бр.

Apaixonado	Strastveni
Artístico	Umetničke
Bom	Dobro
Curioso	Radoznao
Decisivo	Odlučujući
Eficiente	Efikasan
Encantador	Šarmantan
Engraçado	Smešno
Generoso	Velikodušan
Independente	Nezavisna
Inteligente	Inteligentan
Limpo	Čist
Modesto	Skroman
Paciente	Pacijent
Prático	Praktične
Sábio	Mudar
Útil	Korisno

Xadrez
Šah

Branco	Beo
Campeão	Prvak
Concurso	Takmičenje
Desafios	Izazova
Diagonal	Dijagonale
Estratégia	Strategiju
Jogador	Igrač
Jogo	Igra
Oponente	Protivnik
Passivo	Pasivni
Pontos	Poeni
Preto	Crna
Rainha	Kraljica
Regras	Pravila
Rei	Kralj
Sacrifício	Žrtvovanje
Tempo	Vreme
Torneio	Turnir

Parabéns

Conseguiu!

Esperamos que tenha gostado tanto deste livro como nós gostamos de o desenhar. Esforçamo-nos por criar livros da mais alta qualidade possível.
Esta edição foi concebida para proporcionar uma aprendizagem inteligente, de qualidade e divertida!

Gostou deste livro?

Um simples pedido

Estes livros existem graças às críticas que publica.
Pode ajudar-nos, deixando agora uma revisão?

Aqui está um pequeno link para
a sua página de revisão:

BestBooksActivity.com/Avaliacoes50

DESAFIO FINAL!

Desafio nº 1

Está pronto para o seu jogo grátis? Usamo-los a toda a hora, mas não são tão fáceis de encontrar - aqui estão os **Sinônimos!**
Escreva 5 palavras que encontrou nos puzzles (nº 21, nº 36, nº 76) e tente encontrar 2 sinónimos para cada palavra.

Escreva 5 palavras de *Puzzle 21*

Palavras	Sinônimo 1	Sinônimo 2

Escreva 5 palavras de *Puzzle 36*

Palavras	Sinônimo 1	Sinônimo 2

Escreva 5 palavras de *Puzzle 76*

Palavras	Sinônimo 1	Sinônimo 2

Desafio n° 2

Agora que já aqueceu, escreva 5 palavras que encontrou nos Puzzles (n° 9, n° 17 e n° 25) e tente encontrar 2 antônimos para cada palavra. Quantos se podem encontrar em 20 minutos?

Escreva 5 palavras de **Puzzle 9**

Palavras	Antônimo 1	Antônimo 2

Escreva 5 palavras de **Puzzle 17**

Palavras	Antônimo 1	Antônimo 2

Escreva 5 palavras de **Puzzle 25**

Palavras	Antônimo 1	Antônimo 2

Desafio n° 3

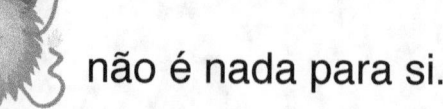

Óptimo! Este desafio final não é nada para si.

Pronto para o desafio final? Escolha 10 palavras que tenha descoberto nos diferentes puzzles e escreva-as abaixo.

1.	6.
2.	7.
3.	8.
4.	9.
5.	10.

Agora escreva um texto a pensar numa pessoa, num animal ou num lugar de seu agrado.

Pode utilizar a última página deste livro como um rascunho.

A Sua Composição:

CADERNO DE NOTAS:

ATÉ BREVE!

A equipa Inteira

DESCUBRA JOGOS GRATUITOS

GO

↓

BESTACTIVITYBOOKS.COM/FREEGAMES